游戏化学习中的构建类玩具设计

杨达维 徐伯初 支锦亦 向泽锐 李 然 徐笑非 著

机械工业出版社

游戏化学习方式因其遵循游戏的机制，为学习者创造"寓学于趣"的认知体验而备受全球关注。构建类玩具是运用模块化体系中造型、功能相同或相异的模块，在组合搭配下进行游戏的工具。在游戏化学习环境中，构建类玩具常被作为重要的"体验媒介"，来引导用户在操作中建构自身的知识体系、提升创新思维。然而，目前国内构建类玩具的研发缺乏针对游戏化学习应用环境的设计方法，导致用户的体验受到影响。本书针对游戏化学习环境，利用与感性工学、可用性、学习迁移相关的实验技术，对构建类玩具的感官、操作、领悟体验维度上各要素的设计规律及系统应用这些规律的"用户体验设计方法"予以阐述。

本书可作为国内玩具企业设计研发的参考资料，也可供相关设计专业教学课程参考。

图书在版编目（CIP）数据

游戏化学习中的构建类玩具设计/杨达维等著. —北京：机械工业出版社，2022.3（2025.1重印）
ISBN 978-7-111-58003-4

Ⅰ. ①游… Ⅱ. ①杨… Ⅲ. ①学前教育-玩具-设计 Ⅳ. ①G614

中国版本图书馆 CIP 数据核字（2022）第 017203 号

机械工业出版社（北京市百万庄大街22号　邮政编码100037）
策划编辑：雷云辉　　　　　　责任编辑：雷云辉
责任校对：郑　婕　刘雅娜　　封面设计：马精明
责任印制：郜　敏
北京富资园科技发展有限公司印刷
2025年1月第1版第2次印刷
169mm×239mm·12.5印张·214千字
标准书号：ISBN 978-7-111-58003-4
定价：79.00元

电话服务　　　　　　　　　　网络服务
客服电话：010-88361066　　　机　工　官　网：www.cmpbook.com
　　　　　010-88379833　　　机　工　官　博：weibo.com/cmp1952
　　　　　010-68326294　　　金　书　网：www.golden-book.com
封底无防伪标均为盗版　　　　机工教育服务网：www.cmpedu.com

前言
Preface

游戏化学习是一种将游戏、教育、学习三者融为一体的认知方式。因其遵循游戏的机制,给原本严肃的学习场景增添了富有意趣的因素,可激发学习者的学习动机,提高他们的参与度与沉浸感,所以在教育创新领域备受关注。

构建类玩具作为游戏化学习过程中的良好体验媒介,是运用模块化体系中造型、功能相同或相异的模件,在变换组合搭配下进行游戏的工具,如丹麦的乐高、德国的Eitech。较之普通玩具,构建类玩具有其独特的优势与价值,可以使人在手脑并用的个性化操作过程中学习到更多的知识,启迪智慧。

目前构建类玩具的设计研发体系急需得到与用户体验设计、游戏化学习、模块化系统有关的理论与研究成果的支持,从而有助于建立与"游戏化学习"相配套的设计方法,为构建类玩具设计工作的顺利开展提供有力保障。针对这一情况,本书在综合多种相关理论与研究成果的基础上系统地介绍了一套设计方法,有助于国内的构建类玩具产品满足目标用户对游戏化学习的应用体验需要,为提升中国玩具产品的设计品质、支持中国玩具行业的发展做出贡献。

在撰写本书过程中,笔者曾有幸得到四川大学艺术学院支宇教授,西南交通大学丁国富教授、程文明教授、徐行言教授的关心和帮助,在此表示感谢。同时也感谢参与研究的团队成员马敏、朱深湘、程洁、刘若涵、付雨桐、张萌蕤、魏维锋、高文珺、彭乐,以及参加实验项目的小学师生们。

本书涉及的研究得到了2019年教育部人文社会科学研究青年基金项目"基于游戏化学习环境下的构建类教育玩具设计研究"(项目编号:19YJC760136)、西南交通大学2020年度研究生"研究类"教育改革项目"游戏化理念下的人文创新实践类课程的优化设计"(项目编号:YJG4-2020-Y033)、西南交通大学研究生教材(专著)经费建设项目专项(项目编号:SWJTU-ZZ2022-047)的资助与支持。

由于笔者水平有限,书中难免有不足之处,在此恳望广大读者不吝指正。

目录 Contents

前言

第 1 章　绪论 ·· 1

　1.1　研究背景及意义 ··· 1

　　1.1.1　研究对象释义 ·· 1

　　1.1.2　背景及意义 ·· 2

　1.2　国内外相关研究现状 ·· 5

　　1.2.1　构建类玩具的研究及应用现状 ··· 5

　　1.2.2　国内外游戏化学习研究综述 ·· 11

　　1.2.3　国内外对用户体验的研究情况 ·· 15

　　1.2.4　研究现状小结 ·· 19

　1.3　研究目标及内容 ·· 19

　1.4　研究范围 ··· 21

　1.5　研究方法 ··· 22

　1.6　本章小结 ··· 23

第 2 章　基于多种理论的构建类玩具设计方法研究规划 ······························· 25

　2.1　用户体验设计 ·· 25

　　2.1.1　用户体验的概念及特征 ··· 25

　　2.1.2　用户体验设计的定义与内涵 ·· 27

　　2.1.3　用户体验设计方法研究的基本思路 ··· 28

　　2.1.4　用户体验设计方法研究的技术方略 ··· 31

　2.2　游戏化学习 ·· 32

　　2.2.1　游戏的概念与构成 ·· 32

  2.2.2 建构主义学习理论 ·· 36

  2.2.3 游戏化学习理念 ·· 40

 2.3 模块化系统 ·· 43

  2.3.1 模块的定义、特征和类型 ······································ 43

  2.3.2 模块化的内涵 ·· 45

  2.3.3 模块化系统的构建策略 ··· 46

 2.4 多种理论融合下的构建类玩具设计方法的研究规划 ············· 47

 2.5 本章小结 ·· 49

第 3 章 游戏化学习环境下构建类玩具设计要素的提取 ············· 50

 3.1 构建类玩具-用户系统的构成 ·· 50

  3.1.1 构建类玩具用户的基本定义 ·································· 50

  3.1.2 构建类玩具-用户系统的建立 ································ 51

 3.2 构建类玩具-用户系统的特性 ·· 52

  3.2.1 构建类玩具用户的特性 ··· 52

  3.2.2 构建类玩具的特性 ··· 53

  3.2.3 协助人员的特性 ·· 55

  3.2.4 系统整体特性 ·· 56

 3.3 基于游戏化学习环境的构建类玩具使用情况研究 ·············· 56

  3.3.1 构建类玩具用户执行游戏化学习任务的流程调查 ····· 57

  3.3.2 基于观察法的构建类玩具用户使用情况调查 ············ 59

  3.3.3 基于问卷法的构建类玩具教学现状调查 ·················· 62

 3.4 构建类玩具设计要素的提取与分析 ································· 68

  3.4.1 研究方法 ··· 68

  3.4.2 基于 KJ 法的构建类玩具用户体验设计的信息分析 ···· 68

  3.4.3 基于多维度体验的构建类玩具设计要素的提取 ········· 70

 3.5 本章小结 ·· 72

第 4 章 基于感官体验的构建类玩具外观的特征研究 ················· 74

 4.1 感官体验下的产品外观设计 ··· 74

  4.1.1 用户感知产品外观的过程 ······································ 74

4.1.2　产品外观的情感表达要素 ··· 76
   4.1.3　产品外观的感性设计 ··· 78
4.2　构建类玩具的外观设计要素对感官体验的影响 ······················· 79
   4.2.1　研究方法 ·· 79
   4.2.2　操作程序 ·· 79
   4.2.3　分析与讨论 ··· 81
4.3　实验1：构建类玩具的形态辨识 ·· 82
   4.3.1　形态辨识实验的方法 ·· 83
   4.3.2　形态辨识实验的结果分析 ··· 85
   4.3.3　关于形态辨识实验的讨论 ··· 89
4.4　实验2：基于游戏风格体会的构建类玩具的色彩定位 ··············· 90
   4.4.1　色彩定位实验的方法 ·· 90
   4.4.2　色彩定位实验的结果分析 ··· 93
   4.4.3　关于色彩定位实验的讨论 ··· 95
4.5　实验3：针对学习情境感知的构建类玩具的材料选择 ··············· 95
   4.5.1　材料选择实验的方法 ·· 96
   4.5.2　材料选择实验的结果分析 ··· 98
   4.5.3　关于材料选择实验的讨论 ·· 101
4.6　本章小结 ··· 102

第5章　基于操作体验的构建类玩具游戏架构与连接方式研究 ············ 104

5.1　构建类玩具的游戏架构对游戏化学习的影响 ························ 104
5.2　实验1：针对构建类玩具游戏架构的可用性对比实验 ·············· 108
   5.2.1　游戏架构的可用性对比实验的方法 ······························ 108
   5.2.2　游戏架构的可用性对比实验的结果分析 ························· 113
   5.2.3　关于游戏架构的可用性对比实验的讨论 ························· 124
5.3　构建类玩具的连接方式对游戏化学习的影响 ························ 125
   5.3.1　构建类玩具的模块连接方式 ······································· 125
   5.3.2　构建类玩具模块连接方式的可用性研究维度 ·················· 126
5.4　实验2：针对构建类玩具连接方式的可用性对比实验 ············· 127
   5.4.1　连接方式的可用性对比实验的方法 ······························ 128
   5.4.2　连接方式的可用性对比实验的结果分析 ························ 130

  5.4.3 关于连接方式的可用性对比实验的讨论 …………………… 132

 5.5 本章小结 ………………………………………………………… 134

第 6 章 基于领悟体验的构建类玩具实用功能的适配性表达研究 ……… 136

 6.1 构建类玩具的实用功能对于游戏化学习的影响 ……………… 136

  6.1.1 构建类玩具实用功能的配置意义 …………………………… 137

  6.1.2 学习迁移的概念和分类 ……………………………………… 137

  6.1.3 构建类玩具功能的转变与学习迁移的关系 ………………… 138

 6.2 构建类玩具的实用功能在学习迁移中的适配性表达实验 …… 139

  6.2.1 实用功能适配性表达实验的方法 …………………………… 140

  6.2.2 实用功能适配性表达实验的结果分析 ……………………… 143

  6.2.3 关于实用功能适配性表达实验的讨论 ……………………… 147

 6.3 本章小结 ………………………………………………………… 150

第 7 章 针对游戏化学习的构建类玩具设计方法的建立与评价 ………… 151

 7.1 构建类玩具用户体验设计方法的建立 ………………………… 151

  7.1.1 构建类玩具各体验维度上的设计规律 ……………………… 151

  7.1.2 构建类玩具设计规律的系统性应用 ………………………… 153

 7.2 构建类玩具游戏化学习评价策略的创建 ……………………… 154

  7.2.1 产品评价体系的创建条件 …………………………………… 154

  7.2.2 构建类玩具的游戏化学习评价体系 ………………………… 155

 7.3 基于游戏化学习环境的构建类玩具设计案例的解析 ………… 158

  7.3.1 游戏化学习主题的概况 ……………………………………… 158

  7.3.2 "传统木版年画"构建类玩具的设计 ……………………… 159

  7.3.3 "传统木版年画"构建类玩具的评价 ……………………… 168

 7.4 本章小结 ………………………………………………………… 171

附录 …………………………………………………………………………… 173

 附录 A 关于构建类玩具的调查问卷 …………………………… 173

 附录 B 构建类玩具模块的典型形态图例 ……………………… 176

 附录 C 色彩感性评分的平均值 …………………………………… 177

 附录 D 构建类玩具材料感性评分的平均值 …………………… 177

附录 E　构建类玩具操作指南 …………………………………………… 178
附录 F　构建类玩具游戏架构的可用性调查问卷 ……………………… 180
附录 G　用户、设计师对于构建类玩具的评价情况汇总 ……………… 182

参考文献 ……………………………………………………………………… 184

第 1 章 绪论

1.1 研究背景及意义

1.1.1 研究对象释义

游戏化学习（Game-based Learning）是一种将游戏、教育、学习三者融为一体的认知方式。游戏化学习因为遵循游戏的机制，给原本严肃的学习场景增添富有意趣的因素，以此激发学习者的学习动机，提高他们的参与性与沉浸感，所以在教育创新领域深受关注。根据所运用的不同理念，可将游戏化学习分为三种类型：第一种是从行为主义学习理论的角度入手，强调通过"刺激—反应"的方式来使游戏者的外在学习行为得以产生与强化；第二种是从建构主义学习理论的立场出发，强调游戏化学习的过程需要建立在学习者自我选择和自由表达的基础上，以此形成适合自身情况的知识建构；第三种是从社会文化情境的维度介入，强调游戏情境有助于具体意义的生成以及互动关系的建立。鉴于在信息时代主流的创新教育实践过程中，人们对第二种学习方式的参考、运用最为广泛，因此本书介绍的研究侧重于含有建构性学习机理的游戏化学习。

构建类玩具（Constructive Toys）作为游戏化学习过程中的良好媒介，是指运用模块化体系中造型、功能相同或相异的模件，在变换组合搭配下进行游戏的工具（如丹麦的乐高、德国的 Eitech）。构建类玩具与普通玩具相比，具有独到的优势与价值，可以使人在手脑并用的个性化操作过程中学习到更多的知识，启迪智慧。根据应用场景的不同，它可分为课堂、课外两种类型。本书介绍的研究主要针对课堂游戏化教学中所应用的构建类玩具。"构建类玩具"是在"构建类游戏"（Constructive Play，此概念来自教育学领域）研究的基础上产生的一个新术语，目前国内外文献中未对其进行明确定义。

用户体验（User Experience）是指用户在使用物质产品或者非物质产品过程中所建立起来的心理感受，涉及人与产品、程序或者系统交互过程中的所有方面。要在产品生命周期中实现价值，用户体验是关键。用户个体间存在差异性，而且每位用户的主观体验是无法通过某种途径来逐一显现的。但对于一个界定明确的用户群体而言，其用户体验的共性目标是能够通过有针对性的设计表达来精准实现的。

1.1.2　背景及意义

在人类社会的发展进程中，游戏作为人类追求自我满足的一种本能性活动，不仅使人类收获生存所需的各项经验与技巧，也为人类知识体系的建构和完善提供了多种形式的实践空间。正如著名学者约翰·赫伊津哈将游戏比作推进文明的催化剂，如今的游戏正以一种相互渗透的方式悄然融入人们生活的各个领域，并使各领域之间的界限逐渐消弭，最终实现"人们在生活中游戏，在游戏中生活"的后工业时代用户的使用愿景。在教育、学习领域，身处物质丰裕、生产力解放的社会中的人们急需一种能使人彰显个性、实现自我的游戏体验方式的介入。在此趋势引领下，游戏化学习正日益受到全球各界的关注：近年来哈佛大学、麻省理工学院、剑桥大学、牛津大学、清华大学、北京大学等海内外著名学府纷纷设立相关机构，针对游戏化学习进行专项研究。国际顶尖学术期刊 *Nature*、*Science* 曾刊载多篇探讨游戏化学习与认知能力相关的文章，而素有全球教育技术发展风向标之称的 *Horizon Report* 更是多次将游戏化学习视为未来将得到广泛应用的学习技术。此外，作为政府推动游戏用于学习的标志性事件，2010年美国在其国家教育技术规划中明确指出，将充分发挥和利用游戏技术，提高学习者的参与程度和动机，并对学习标准中要求的、学习者需要掌握的复杂技能和学业成就进行评估。为了与世界先进的教育、学习理念接轨，我国在2015年正式成立了中国教育技术协会教育游戏专业委员会，与游戏化学习相关的课程创新项目也在国内各级各类学校、培训机构得到逐步推广并取得了良好的成效。与此同时，我国在《国民经济和社会发展第十三个五年（2016—2020年）规划纲要》中提出增强教育改革发展活力。游戏化学习作为一种创新的教学模式，为当前的教育改革提供了新的动力。由此可见，伴随着游戏与教育、学习的密切交融，人们围绕游戏化学习开展更加具体和深入的探索。对于正在由教育大国向教育强国迈进的我国而言，紧跟时代步伐，研究符合本国教育发展思路的游戏化学习方式及配备相关教学设施对于推动国家教育改革的发展具有十分重要的意义。

孔子曰"工欲善其事，必先利其器"。随着游戏在全球教育领域应用价值的逐渐攀升，在如火如荼的游戏化教学市场背后，是对相关配套装备的空前需求。国际市场研究机构 Ambient Insight 公布的《2016—2021 年全球游戏化学习市场报告》表明：全球游戏化学习产品市场五年复合年增长率高达 22.4%，到 2021 年销售额可达 73 亿美元；其中占有重要份额的是作为游戏化学习重要工具的教育玩具，它因以教育、学习为目的，兼具娱乐价值的特征而颇受广大消费者青睐。与其相应的是，《玩具行业 2018 年第一季度报告》在综合全球玩具市场趋势以及国际上优质企业发展方向的基础上，预测与游戏化学习相关的教育玩具产业是未来玩具企业大有可为的一片领域。相关数据显示，一些将教育与玩具结合较好的企业，在长期的生产经营过程中均呈现出较强的成长性。如图 1-1 所示，主张"STEAM 教育 + 玩具"设计理念的乐高集团在 2009—2017 年年复合增长率为 9.61%，坚持"儿童早期教育 + 益智玩具"研发思路的伟易达集团在 2009—2017 年年复合增长率为 11.26%，而全球玩具市场同一时期的年复合增长率仅 2.27%。

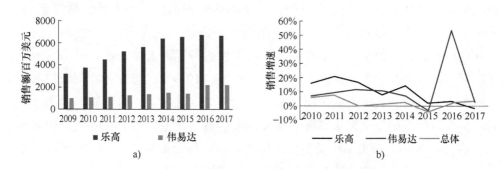

图 1-1 乐高集团与伟易达集团 2009—2017 年的玩具销售情况

a) 销售额 b) 销售增速

数据来源：玩具行业 2018 年 H1 财报点评，http://www.sohu.com/a/255028087_354900。

在此背景下，世界上众多玩具企业纷纷加大对各种类型的教育玩具产品的设计研发投入。而在众多的教育玩具产品中，尤以利用模块化系统单元的组合、分解机制来进行游戏活动的构建类玩具被作为一种特殊形式的"体验教材"，在各种创新实践教育领域中得到了广泛应用：无论是在创客教育、STEAM 教育（多学科融合的综合教育）、高中通用技术教育中还是在大学的创新工程实验中，构建类玩具都扮演着重要角色，其意义已超越"玩具"本身，成为学习者建构自身知识体系、提升创新思维的重要工具。例如，世界知名构建类玩具品牌"乐高"在进军我国市场时，针对我国当前的教育形式，将自身的产品功能定位在作为我国课堂教学有益补充的层面上，并在优化现有产品、研发新产品的过程中，积极与国内一些教育研究机构开展深度合作，使相关的教学方法得到丰富与完善，进而为其收获了更为广泛的社会认可。与此形成鲜明对比的是，我国玩具企业虽然承担着全球玩具市场70%的生产份额，在本土的构建类玩具研发体系中，却由于缺乏游戏化学习应用领域的有针对性的设计方法作为指导，导致原创突破性产品很少，其通过模仿欧美热销产品制造出的玩具在本地用户使用体验上的效果大打折扣，严重削弱了构建类玩具本应具有的教育价值与娱乐功效，其寻求良性发展的步伐受阻。要改变这种现状，同时也为国内玩具企业的自主设计研发以及专业设计院校相关教学课程的开展提供有益的参考，研究针对游戏化学习环境、贴合我国典型用户体验需求的构建类玩具的设计方法显得势在必行。

此外，世界经济合作与发展组织（OECD）2016年12月公布的权威评估报告（PISA，国际学生评估项目）显示，我国接受基础教育的学生在现阶段所面临的问题主要体现在以下四个方面：①学习素养偏低。学习素养包括注意力、观察力、思考力、应用力、想象力、创造力等方面。在对北京、上海、江苏、广东四个省（市）268所学校的1万多名学生的抽样调查中发现，学习素养低于国际基准水平的学生人数占国内测试者总数的10.9%。考虑到我国人口基数大的因素，这样的数值比例应引起全社会的警醒。②学习动机欠缺。中国学生对相关学科的兴趣及未来从事所学领域的期望普遍较低。例如在所调查的对象中，只有17%的被调查学生希望自己将来从事与科学相关的职业，明显低于全球平均水平。③协作能力偏弱。学生通过相互协作的方式去解决问题的能力与态度有待改善。④课程个性化设置不足。在国内的课程设计中，根据学生需求和知识结构来调整授课内容的比例较低，为学生提供深入思考的机会和开展创新实践活动的数量较少。为了合理、有效地解决上述问题，强调以学习者为中心进行知识的个体化、情境化、趣味化、协作化建构的游戏化学习理论不啻为一剂对症良方。因此，根据我国教育目前的实际情形，有针对性地将游戏化学习理论的核心机制纳入构建类玩具的设计之中，可以更好地发挥构建类玩具"物以载道"的优势，使学习者在与相关玩具互动的过程中，真切体验到承载在构建类玩具上的游戏化学习理念的魅力，进而助力国家对于新时代创新人才的培养。

基于上述背景，构建类玩具作为游戏化学习领域重要的体验工具，而非简单意义上的玩具，目前在其设计研发体系中急需得到与用户体验（设计）、游戏化学习、模块化系统有关的理论与研究成果的支持，以便建立与游戏化学习相配套的设计方法，从而保障构建类玩具设计工作的顺利开展。针对这一情况，本书将在综合多种相关理论与研究成果的基础上介绍一套设计方法，以使我国构建类玩具产品能够满足目标用户游戏化学习应用体验的需要，进而为提升我国玩具产品的设计品质，支持我国玩具行业的发展做出贡献。

1.2 国内外相关研究现状

对基于游戏化学习环境的构建类玩具设计方法进行研究的过程，会涉及与构建类玩具、游戏化学习、用户体验有关的研究工作。以下针对这些方面的研究现状进行系统论述。

1.2.1 构建类玩具的研究及应用现状

1. 构建类玩具设计领域的研究成果

（1）国外研究　国外针对构建类玩具设计领域的研究主要集中在以下四个方面。

1）针对产品造型设计思想的研究。如 Bartneck Christoph 等人根据时间线索，系统分析了从 1955—2015 年乐高所出品的玩具产品在设计风格上的演变过程。研究结果表明，伴随乐高构建类玩具设计复杂性与专业性的提高，出现了两种截然不同的效果：熟练的用户会乐此不疲地用乐高玩具模件构建出各种专业级作品，而初级用户面对复杂的乐高玩具会产生压力，从而影响使用体验。

2）涉及设计评价的研究。如 Bin Jiang 等人探讨了如何利用感性工学的评价方式来分析儿童玩具（包含构建类玩具）用户的情感需求，并对情感倾向进行量化处理，进而从相关玩具案例中提取出较为适宜的设计语言。再如 James Colwill 等人从提升玩具产品社会效益的角度出发，为玩具领域的可持续设计与制造提供了一套综合性评价方法，并以构建类玩具作为研究案例来验证该评价方法的预期效果。

3）围绕加强用户认知学习能力培养的设计研究。如 Gerecke 等人为了开发出更适合高等教育的机器人平台，结合乐高玩具的优点，设计出一个利用模块化组件进行组合的玩具套件，以此构建适合教学与研究的灵活平台，帮助用户提升他们的学习能力。此外，Kathryn Merrick 探讨了如何设计一款可重构的构建类机器人玩具，用以激发用户的创造性思维。

4）针对特殊群体的设计研究。如考虑到市面上可供视力缺陷儿童操作的教育玩具较少，Pereira 等人从包容性与互动性设计角度出发，根据失明与弱视儿童的具体需求以及"产品—用户"之间的关系等因素来展开涉及构建类玩具在内的相关产品的设计研究。

（2）国内研究　国内针对构建类玩具设计领域的研究主要聚焦在以下四个方面。

1）基于产品模块化思路的设计方法研究。如赵迪将玩具造型设计中的模块化设计作为核心研究内容，探究模块化设计的原理、特点以及对儿童玩具造型设计的影响。王昊、李世国等人通过研究新兴的电子模块构建类玩具的造型设计特点，进一步探究模块化设计方法对于其交互性所形成的价值。

2）针对我国传统构建类玩具进行"再设计"方面的研究。为了实现民族文化的有效传承与民族产业的自主创新，如何对我国传统玩具进行创新，使其价值得以继续发扬，如何利用传统文化的精髓指导现代设计，是国内相关领域研究者比较关注的主题。乔永翔通过分析研究玩具的历史发展、当代玩具和产业状况、国内外传统玩具的概况，提炼出当代玩具的重要特征，列举了国外传统玩具的革新途径，类比得出我国在传统语境下玩具（涉及构建类玩具）设计与开发的思路与方法。此外，李志港等人通过对我国传统构建类玩具的代表——鲁班锁的造型、材质以及榫卯结构进行分析，研究了鲁班锁的美学价值、结构特点和文化内涵，深入探讨了鲁班锁对现代产品设计的意义。

3）关于玩具用户认知机制的研究。要使设计人员在构建类玩具的设计过程中能够明晰设计元素对用户行为及认知方面的影响，对此类玩具的工作机理进行系统性剖析就显得十分必要。如杨达维从"玩物益智"的思路出发，重点探究构建类玩具对于与儿童造物智能发展相关的三种基本能力的影响，从而得出构建类玩具的"模块化"特质可促使儿童造物思维与能力得到不断提升的判断。

4）涉及与教学领域相关的设计思路的探究。高红霞、裴雪等人从"体验式教学"思路出发，以一款旨在向用户"传授"古代灯具工艺技术的构建类玩具的设计为例，探讨构建类玩具与相关实验教学相结合的新思路，最终使用户能够通过操作此类玩具，去感知、理解、掌握与所授实验课程内容有关的一系列知识与技能。此外，龙云飞、欧阳子川分别以教育游戏化在小学生玩具设计中的应用以及基于青少年创客教育的玩具设计为线索，研究与构建类玩具设计相关的一些领域。

纵观国内外构建类玩具设计领域的研究现状，可以发现中外社会情境的差异使得各自的研究取向不尽相同。但值得注意的是，如何通过设计来提升构建类玩具的教育、学习价值已然成为国内外学者共同关注的主题。可以说，这既是国内外相关学术领域研究的交汇点，也是构建类玩具设计实践的发展方向。国内外构建类玩具设计领域的主要研究方向如图 1-2 所示。需要指出的是：①构建类玩具作为一种利用模块组合手段进行游戏化学习的体验工具，在对其进行研究的过程中应当注重从整体角度出发，综合利用用户体验设计、游戏化学习、模块化系统构建等相关的理论工具来开展更有针对性、更高效的研究。但目前现有研究还未很好建立起相关理论工具之间的联系，因此所产生的研究成果未能对相关领域的实践予以深入指导。②虽然在部分研究中会涉及与用户体验相关的内容，但研究维度大多较为单一，比如单独从用户对构建类玩具造型或功能体验方面来展开探讨，所形成的设计方法未能对构建类玩具的设计予以全面支持。

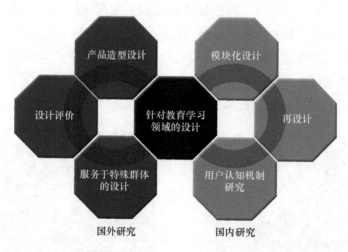

图 1-2　国内外构建类玩具设计领域的主要研究方向

2. 构建类玩具在教育领域的应用现状

"教育"（Educate）一词意指根据一定的社会现实和未来的需要，遵循人的身心发展的规律，有目的、有计划、有组织、系统地引导受教育者获得知识技能，陶冶其思想品德、发展智力和体力，以便把受教育者培养成适应社会需要和可促进社会发展的人。

纵观当前的全球市场，主流的构建类玩具以国外品牌居多。这些玩具被应用在与教育内容相关的各个领域。

1）促进用户身体机能发展的领域（包含增强感知功能、培养动作协调、促进体格成长或智力发育等方面）。例如获得 TOTY Awards 2015 年度最佳玩具奖的美国 Thinkfun 品牌的 Gravity Maze 重力迷宫玩具是一款考验用户的空间感知、预判及动手能力的构建类玩具（见图 1-3）。它一共有 60 个循序渐进的操作关卡，用户需要根据游戏任务卡片的指示，凭借对将要搭建的迷宫内部结构走向的理解，确保每一个模块构件被安置到正确的位置上。组装完毕后，再将弹珠从起始位置放下，若弹珠经由所搭建的迷宫通道顺利到达目标位置，即成功完成了游戏任务。除了以上提到的 Gravity Maze 重力迷宫玩具以外，美国 Learning Resources 几何构建组合玩具、瑞士 Geomag 磁力拼装玩具、瑞典的 StrawBees 吸管连接玩具都是这一应用领域的代表。

2）扩展用户知识面和生活技能的领域。例如德国 Teifoc 品牌建筑玩具，如图 1-4 所示。它的制作材料主要由天然黏土烧制的仿真砖瓦构件与安全、可溶解的特制水泥组成。借助此款玩具，用户可以模仿现实情境中搭砌建筑物的方式，依照图纸提示，用一砖一瓦的模块材料创造出预先规划好的建筑模型。在用户实现自己建筑梦想的过程中，他们收获了相关的建筑工程知识、历史知识，并且掌握了一些搭砌建筑物的入门技巧。除了 Teifoc 的建筑玩具以外，在这一应用领域中受到用户广泛认可的还包括丹麦乐高编程机器人玩具、德国 Eitech 机械玩具、美国 Elenco 电路探索积木。

图 1-3　Gravity Maze 重力迷宫玩具　　　　图 1-4　Teifoc 品牌建筑玩具

3）培养用户社交素养的领域。例如丹麦乐高玩具公司在 2015 年推出了一款乐高融合（Lego Fusion）玩具，如图 1-5 所示。这款玩具通过高通公司 Vuforia 增强现实技术，将实体玩具与数字虚拟游戏相结合：在专门的游戏软件中打开手机或平板计算机的摄像头,系统就会识别现实世界中 Lego 积木的尺寸和颜色,从而将实物玩具录入虚拟游戏世界中,以便让用户执行更多的游戏任务。与此同时,这种基于开放性设计理念的玩具可以通过云服务器平台让不同知识、文化背景的用户以学习者、设计者、制作者的身份共同参与到对游戏世界的创造性构建活动

图 1-5 Lego Fusion 玩具

中来,以此促进用户之间的共享、交流与合作。另外,诸如英国 Wisdom 品牌的推挤大比拼玩具、美国 Knex 品牌的云霄飞车玩具在这一应用领域都备受市场垂青。

4)完善用户个性品质的领域。例如荣获 2018 年德国红点最佳设计奖的英国 Logiblocs 构建类玩具是一款可以帮助用户根据个性化的目标,在不同功能的电子模块间进行拼接实践的学习工具,如图 1-6 所示。在经过反复重组与检验后,用户最终会利用它完成一件富有个人创造力与成就感的"作品"。此类玩具的核心魅力在于通过创建不同的系统,使用户在多元化、模块化条件下由被动参与者转变

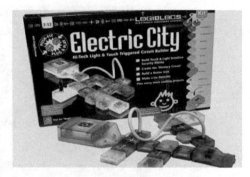

图 1-6 Logiblocs 玩具

成主动创造者,从而促使他们进行高层次的认知探索。更重要的是这样的操作体验对于提升用户某一方面的个性品质(如锻炼意志、提升韧性、树立集约利用资源意识等)会起到潜移默化的影响。除了以上所提到的玩具以外,在这一应用领域中具有代表性的构建类玩具还包括乌克兰的 Ugears 木质机械拼装玩具、荷兰的 Infento 组合式多变玩具代步车等。

反观国产构建类玩具的应用情况则不容乐观。虽然,近年来国内偶有一些高水准的构建类玩具出现,如 2017 年荣获德国红点设计大奖的蜂巢(Honey Comb)电子积木(见图 1-7)、2018 年获得中国设计智造大奖的"中国积木"(见图 1-8)……但是从此类国产玩具的整体市场认可度来看,结果仍然不尽人意。其主要问题集中反映在与构建类玩具本应带给用户"寓学于趣"体验的两

个方面。在玩娱方面，国内开发的许多构建类玩具的游戏吸引力不足，未能有效激发用户的使用兴趣。而一些可以吸引用户进行体验尝试的构建类玩具，又因为本身所含有的游戏元素较为单一，致使玩具的可玩性随着体验的进行而明显减弱，用户很难对其保持长时间的使用热情。在学习方面，首先，国内一些构建类玩具所承载的信息要素设计得不够科学合理，致使玩具所具有的知识信息未能按照设计意图及时、有效地传递给用户，产品的可用性受到影响。其次，国内一些构建类玩具在设计上未能与一些教学方法进行系统性对接融合。教师难以利用玩具来充分发挥相关教学方法的优势，导致构建类玩具的游戏化教学效果不能得到保证。最后，目前市面上出现了大量功能同质化的构建类玩具产品，用户的学习素养得不到全面提升。例如，现阶段国内教育领域中的构建类玩具以机器人编程主题居多，中国传统文化知识在现代构建类玩具中被引入的机会与呈现的方式都较为有限；用户在情感体验过程中，很难真切体会到文化归属感与价值认同。

图1-7　蜂巢电子积木

图1-8　"中国积木"

从以上情况不难发现，未能对国内用户的游戏化学习状况进行全面、系统的掌握，也未能明晰构建类玩具各种设计元素对于用户体验的具体影响规律，导致本土玩具品牌缺少系统设计方法与评价体系的支撑，大多不能很好地为游戏化学习用户提供满意的使用体验。在现阶段国内相关的教育领域中利用国内自主设计的构建类玩具进行游戏化课程教学的情况较为少见，而世界知名品牌的玩具产品主要是针对国外用户的文化背景与使用需求进行设计的，其在国内的使用环境中并不能做到全面兼容。这些不利因素会对国内用户进行全面、系统的游戏化学习实践造成不容忽视的影响，更加反映出我国教育领域对于符合我国用户使用特征的构建类玩具产品的迫切需求。

1.2.2　国内外游戏化学习研究综述

国外围绕游戏化学习所开展的研究，其特征及趋势主要体现在以下几方面。

1）聚焦于通过实验数据来研究游戏化学习对于提高学习成效的影响。具体为：

① 游戏化教学有助于增强学习者的学习信心。例如，Sitzmann 基于对大量国外权威专业文献的数据分析，发现在仿真游戏中学习的学员对学习知识和运用所学知识的信心比在传统教学方法中学习的学员平均高出 20%。

② 游戏对情境化教学的支持以及对学习者自身学习动机的激发。例如，Sasaki、Yutaka 根据情境学习理论和实践经验，以乐高 Mindstorms NXT 构建类玩具作为游戏化教学的实践教材，用以改善当前日本接受农业工程教育的学生的学习动机。并通过实验评估的方式，验证了相关教育游戏具有支持学生在特定情境中进行探究学习、提升学习兴趣的效果。

③ 游戏化学习有助于学习者对于知识的记忆。例如，Brom 等人基于对教学策略、学习方式和知识整合方式等方面的考量，将相关电子游戏投放于不同的学校进行测验，结果发现电子游戏对于促进学习者进行知识的理解与记忆都具有显著作用。

④ 游戏化学习促进学习者高阶段思维的发展。例如，Y. L. Eow 等人进行了一项旨在探究教育游戏提升学生创造力水平的对比试验，他们使用创造力量表对学习者进行实验前、实验后测量。研究结果表明，与传统课堂讲授方式相比较，教育游戏在发展学习者的创造力方面更加有效。

⑤ 游戏化学习有利于学习者形成良好的情感态度与树立正确的价值取向。例如，Vogel 等人对众多的研究成果进行聚类分析，发现相对于传统教学方法，仿真类型的游戏能改善学习者的学习态度。除此以外，Hsiang-Ping Chen 等人利用相关游戏来探究教育游戏对学习者的文化认同的影响。研究结果表明，经过游戏干预后的学习者的文化认同度均有所提高。

2）随着系统化教学设计思想逐渐渗透进游戏化学习设计与应用的各个环节，针对游戏化学习影响因素的研究的范围在逐渐扩大。针对游戏化学习影响因素的研究主要围绕六种因素展开，如图 1-9 所示。

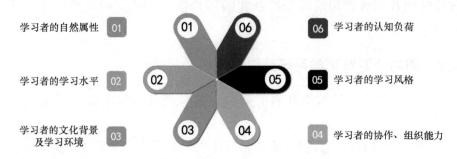

图 1-9　针对游戏化学习影响因素的研究

① 学习者的自然属性。例如，Lowrie 等人的研究表明，性别是教育游戏类型选择的重要因素之一，应为不同性别的学习者提供形式、内容不同的教育游戏。

② 学习者的学习水平。例如，Grimley 等人开展了一项有关学习成绩影响游戏化学习效果的对照试验研究。研究结果表明，对于学习成绩好的学习者而言游戏化学习更能达到理想的"寓教于乐"的目标。

③ 学习者的文化背景及学习环境。例如，Kim 等人利用大数据分析了学习者的语言文化背景对游戏化学习效果的影响。

④ 学习者的协作、组织能力。例如，Bluemink 等人的研究表明在游戏化合作学习中，学习者之间需要就知识与操作不断沟通协商，其中实践经历丰富的学习者往往会主导小组的游戏行为和会话交流，与此同时组内参与者的个体差异将影响整个学习的效率和结果。

⑤ 学习者的学习风格。G. Hwang 等人探究了学习风格对于游戏化学习效果的影响，并试图利用 Felder-Silverman 学习风格模型开发出一款自适应性教育游戏，以此满足学习者的个性化差异，从而提高他们的学习效果。

⑥ 学习者的认知负荷。例如，Tsai 等人的研究发现学习者的先前知识经验对于其学习产生了显著影响，有相关类似经验的学习者更易于掌握游戏的规则，从而使他们在较低认知负荷的状态下更好地沉浸于学习探索过程中。

3）信息时代的学习方式已逐渐从被动接受知识向主动建构知识转变，由个人活动向社会活动转变。对游戏化学习的认识，也相应地从知识容器转变为知识建构与合作学习的支持工具。因此，国外研究者积极探索新的游戏化学习策略以适应如下变化。

① 学习者自主设计游戏。例如，Vos 等研究者认为学习者以自主设计游戏的方式进行学习，能够更好地完成知识的自主建构，并能激发更强的学习动机。

② 教育游戏在课堂教学中的应用探索。近些年，游戏在教育领域的应用范围逐步扩大，显现出由最初的幼儿教育向中、高等教育以及职业教育方向拓展的趋势。例如，Brom 等人所提出的"教师讲授—学生游戏—反思总结"多次循环的课堂教学模式为教育领域提供了一种具有启发性的通用策略。Hays 对与教学游戏相关的 274 份文献进行了回顾，他所得出的结论是：教学游戏应内置于教学项目中，教学项目要有汇报与反馈的功能，以便让学生及时了解游戏中所进行的事件与教学目标之间有何种关联。

③ 教育游戏与教育理念之间的结合。例如，G. Hwang 等人基于探究式学习原理设计出一款游戏，并将其投放于具有不同学习风格的学习者当中进行测试，结果表明其能够提升学习者的学习成绩、学习动机与沉浸体验。

4）为了更好地评估游戏化学习的效果，近年来，国外研究者开始关注适用于游戏化学习的新的评价方法。一些研究者将其他学科领域的最新理念和技术，如脑成像、数据挖掘等引入这一领域的研究中来。例如，S. F. Verkijika 等人对认知神经科学中所使用的脑机交互（Brain-Computer Interface，BCI）设备与数学游戏之间的整合方案进行研究，结果表明通过 BCI 设备可以有效监控游戏者的学习情绪。

上述国外文献对本书介绍的围绕构建类玩具的实证研究以及相关评测体系的创建都具有一定的参考意义。较之于国外的研究状况，我国对游戏化学习的研究起步较晚，目前仍停留在理论研究阶段。相关研究主要集中在游戏化学习的发展及综述、技术设计与开发、学科应用三个方面。

1）针对游戏化学习的发展及综述的研究。例如，尚俊杰等人通过对传统游戏和电子游戏的研究历史进行系统性梳理，深入分析了包含游戏动机、游戏思维、游戏精神在内的游戏化学习的核心价值，并指出重塑学习方式、回归教育本质是未来的应用前景。

2）针对技术设计与开发的研究。例如：昂娟以在英语教学过程中儿童学习有关水果类的单词为例，从教学设计与游戏设计的视角阐述了相关教育游戏的设计思路，并系统解释了游戏开发过程中所涉及的核心技术；章苏静等人详细介绍了如何利用数字体感技术来设计开发一款旨在协助游戏者学习体悟中国成语典故内涵的体感类游戏。

3）针对学科应用领域的研究。现阶段国内有关游戏化学习应用层面的研究主要集中在理工类知识学习（含数字、物理、化学、生物等）、人文历史类知识学习（含文学、历史、地理、政治、德育、外语等）、科技类实验（含与科学、技术相关的各类实验等）、技能类习得与训练（含儿童基础技能习得、成人职业技能培训等）四个领域，如图1-10所示。例如，刘鑫瑶、宗丽莉、李伟、魏丹丹等人分别从数学教育、汉字学习、物理探索、技能培养的视角对游戏化教学实践进行了专项研究。

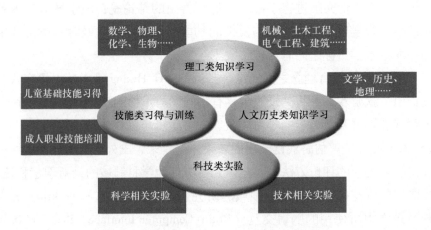

图1-10　针对游戏化学习在学科应用领域的研究

总之，在国家积极倡导教育创新的时代背景下，与游戏化学习相关的研究亟待进一步拓展与深入。从目前国内外对于游戏化学习方面的研究情况来看，研究多聚焦于和游戏相关的"非物质"层面，在游戏设计领域的探讨也是以电子虚拟类游戏为主，而围绕现实生活中实体类游戏化学习工具所展开的设计研究却相对薄弱。鉴于此种情况，本书介绍的研究以"支持用户进行游戏化学习体验的实物类工具的设计"作为突破口，重点探讨构建类玩具与游戏、学习体验相互适配的设计路径与评价标准。

1.2.3 国内外对用户体验的研究情况

1. 国外对用户体验的研究情况

国外针对用户体验的研究主要聚焦于以下几个方面。

（1）用户体验的基本内涵　用户体验的研究涉及多个学科领域，以及多种主客观因素的介入，使得现有研究对于用户体验的理解呈现出多元化的特征。对用户体验的研究从要素构成与时间延续的角度对用户体验的含义进行了界定。

1) 要素构成的角度：此类研究普遍认为用户体验涉及用户、产品和交互环境三个方面的内容。其中，针对"用户体验"的比较有权威性的定义来自于 ISO 9241-210 中的相关阐释：人们围绕使用或者期待使用的产品、系统、服务所产生的相关反应或结果。此外，一些专家学者也提出了各自的见解，认知心理学家 Norman 指出用户体验囊括了终端用户与企业、服务、产品互动时所接触到的所有方面的内容。J. J. Garrett 提出"用户体验五要素模型"，其将用户体验由抽象到具象分为战略、范围、结构、框架、表现共五个层次。Hassenzahl 和 Tractinsky 认为用户体验是用户内心的状况（倾向、期望、需求、动机、心情等）和具有一定特点（复杂性、目的性、可用性、功能性等）的系统在特定交互环境下产生的结果。

2) 时间延续的角度：由于在体验过程中，人们与事物的关系通常处于一种变化的状态，因而许多学者倾向于从时间维度来定义用户体验。Forlizzi 与 Battarbee 将用户体验解释为在时间层面具有明确开始和结束的一段人与产品相接触的经历。Olsson 指出用户体验分为经历性体验和累积性体验。

（2）用户体验的相关理论　目前与用户体验相关且具有一定影响力的理论有 Toffler 的情景理论（此理论指出用户体验包含人们在现实生活中的直接体验以及在虚拟环境中的间接体验）、Kearsley 和 Shneiderman 的用户参与理论（此理论指出美学、可用性、情感、注意力、挑战、反馈、动机等因素，使得用户体验的研究维度更加丰富）、Csikszentmihalyi 的心流体验理论（此理论强调用户体验研究的重点应定位在用户技能、挑战、反馈、操作流畅性、情感、动机等方面）。

此外，国外学界针对用户体验的理论探索，主要涉及产品可用性、用户情感收获、用户自身价值体现三个方面。在产品可用性研究维度，Morville 从人机交互领域的可用性拓展角度出发，指出有用性、可用性、满意度、可搜索性、可获得性、可靠性、价值性是用户体验中重要的构成因素。在用户情感收获研究维度，Norman 强调产品设计的目的在于将用户的情感需求整合至设计要素中去，通过建立用户主观心理感受与客观设计要素的联系，找寻影响用户情感满意度的产品设计要素。另外，长町三生认为感性工学正是将用户的情感需求及对产品的意象转译为设计方案或具体设计参数的研究技术，通过建立感性意象词汇与产品的感性设计要素之间的关联，为基于用户情感体验的设计研究提供重要的支持。在用户自身价值体现维度，Park 等人指出用户自身价值的体现主要反映在自我满意度、愉悦性、个性化需求、社会表征及产品附加意义等方面。

（3）用户体验的测量与评价方法　由于不同领域对于用户体验测量的侧重各不相同，因此测量标准与手段也趋向于多样化。在用户体验研究中，较为普遍的测量方法为采用一些规范的测试量表对情感、可用性等方面的用户体验效果进行系统检测，还可以借助发声思考法来间接获取用户在体验过程中的所思所想，以得到更加全面、翔实的测量信息。作为主观测量方法的有益补充，近年来通过生理指标测量、脑电、眼动等仪器检测手段来获取客观数据的方法逐渐受到关注，这些方法有利于研究者得到科学、准确的研究结论。

用户体验的评价方式研究，主要是依靠用户体验调查问卷获取用户体验数据的，进行数据处理后得出用户体验各构成因素的得分及综合得分，或者对用户的生理指标、行为指标数据进行处理后，按照一定的评价标准进行评价。在实际研究过程中，相关方法可以依据具体情况综合使用，如 Leuthold 等人使用眼动数据和调查问卷相结合的方法评价网页界面布局及任务复杂度对用户偏好和表现的影响。

（4）用户体验的应用情况　此类研究的目的主要是发展创新设计，通过对具体案例的剖析，探讨创新设计对用户体验的影响，并由此提出相关领域的设计建议、指导方针等。用户体验应用研究的范围主要集中在网页、电子产品、虚拟系统、服务流程、传统产品等方面。在与本书介绍的研究有关的实体产品领域，应用研究范围还包含使用问题、借助优化设计改善体验效果等。Sandnes、Tan 等人设计出在不影响普通用户体验的前提下，可以方便视障用户使用的自动火车售票机，他们对设计进行了对比实验，验证了该设计的可行性。Karali、Mansfield 等人通过驾驶体验测试探讨老年机动车驾驶座椅设计如何影响整体驾驶舒适度、驾驶姿势、易用性、健康与愉悦感。

2. 国内对用户体验的研究情况

国内对用户体验的研究主要集中在以下几个方面。

1)从历时性、共时性的角度对用户体验与设计的关系进行分析。代福平利用对人机工学之前、人机工学、用户体验、体验设计四个阶段的分析,探究它们之间的内在逻辑,并提出体验设计是一切设计活动的共有维度,它将设计目的由技术世界转化为生活世界,从而不断克服人的异化状态,促进人的自由体验。胥程飞基于用户体验和交互设计,探索二者在工业设计未来发展上的应用前景。辛向阳通过探讨体验的本质并结合体验属性模型,建立体验设计的定位体系,以此系统解析体验设计的范式转变。刘毅从我国产业调整、工业设计发展等角度,研究用户体验对我国当下设计的影响,厘清用户体验设计在发展中所遇到障碍及其原因。

2)基于用户体验的设计方法研究。罗仕鉴等提出了与"情景"有关的用户体验的设计方法,并以手机界面设计为例对该方法进行了验证。吴剑斌、张凌浩针对用户体验流程中的"讲故事"方法进行系统性分析,从而研究整合出一套完善的用户体验故事方法模型,为当今的用户体验设计方法研究提供了一个新的思路。孙晓枫、赵新军等利用与用户体验设计相关的理论,结合创新方法(TRIZ)理论的技术进化定律及需求进化定律,在运用 Kano 模型的条件下对用户需求进行分析,提出满足用户体验并适合技术进化定律的产品设计模型,用于预测、提取、分析、确认用户需求,并将用户需求转化为技术特性以实现新产品的开发。刘子建、黄晟提出在用户体验设计中应该使用限制机制,并阐述了原因,并通过实例说明了限制机制在提升用户体验效果的过程中可以起到引导、保护和激励三项作用,以及在使用限制机制时应该遵循的原则。胡飞、冯梓昱、刘典财、王炜从宏观角度出发,利用信息可视化技术对相关文献中出现的 70 种用户体验设计方法进行了多维度分析,如图 1-11 所示。他们发现:目前大部分的设计方法都是针对设计前期"如何理解用户的行为和心理"以及设计末期"对解决方案的分析论证"的(图上标注为"探索""交付"的部分),而针对设计中期"如何定位用户体验的关键问题"以及"如何寻找解决方案"(图上标注为"定义""开发"的部分)的方法相对较少;在开发阶段多以定性方法为主,在设计评估阶段以定量方法居多,而在设计中期则根据具体情况采用定性或者定性与定量相结合的方法来开展相关工作。

3)针对用户体验的具体设计案例的研究。在家具设计领域,戴力农、许柏鸣研究分析了影响儿童家具设计的几种因素,通过实地调研产生了四种家庭人物模型,并以儿童体验为核心目标,围绕民主、理性家庭的儿童家具进行了设计实践。在玩具设计领域,蒋佳茜对需求引发的用户体验设计进行了深

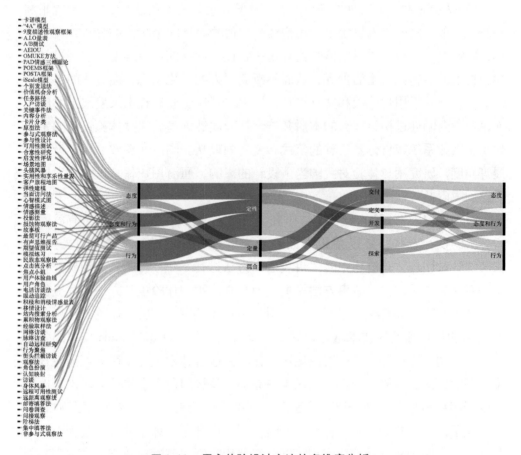

图1-11 用户体验设计方法的多维度分析

入分析,系统探讨了符合老人潜在需求的益智玩具创新设计的具体要求及相关设计策略。

通过对国内外相关研究的分析归纳可以了解,针对不同领域用户体验的研究方法不尽相同。本书介绍的研究旨在探索用于儿童用户进行游戏化学习体验的构建类玩具的设计规律,因而需要对儿童用户、构建类玩具以及游戏化学习环境的特点进行全面分析,从而为相关研究"量身"规划出合理的实施路径。虽然有关用户体验的研究成果比较丰富,但从用户体验角度对儿童、构建类玩具、游戏化学习开展的研究却十分匮乏,目前尚未发现将以上三方面联系起来进行综合研究的文献。因此本书介绍的研究尝试将儿童用户、构建类玩具、游戏化学习纳入用户体验设计体系进行整体研究,以此为该领域的设计、研究工作提供更加准确、全面的参考。

1.2.4 研究现状小结

通过上述分析，可以归纳出以下结论：

1）构建类玩具是一种利用模块组合手段进行游戏化学习的体验工具，在对其进行研究的过程中应当注重从整体角度出发，综合利用用户体验设计、游戏化学习、模块化系统建构等相关理论方法来开展更有针对性、更高效的研究。然而，目前的研究成果未很好建立起相关理论知识之间的紧密联系，而且在一些关键环节上研究得较为片面、零散，难以有力支持构建类玩具的系统性设计。因此，急需结合现有理论，给应用于游戏化学习领域的构建类玩具的设计方法研究规划出一套合理的方案，以利于相关工作的系统开展。

2）在国家积极倡导教育创新的时代背景下，游戏化学习相关研究亟待进一步拓展与深入。从目前对游戏化学习的研究情况来看，相较于电子虚拟类游戏，构建类玩具在游戏化学习研究领域暂未获得充分的关注。相应地，在相关设计领域对于构建类玩具目标用户的游戏化学习行为、心理活动以及目标用户在游戏化学习环境中所产生的体验问题也缺乏详细的调研资料作为参考，从而导致设计人员对应用于游戏化学习的构建类玩具的设计要素及设计目标的定位都较为模糊，难以进行精确设计。因此，急需围绕游戏化学习环境，从对相关用户的深入研究中聚焦核心问题及设计着力点，以此为研究构建类玩具关键要素的设计规律确立方向。

3）由于针对不同领域的用户体验的设计方法各不相同，因此需要根据具体情况"量身定制"。然而目前在相关研究领域中未发现将儿童用户、构建类玩具、游戏化学习纳入用户体验设计体系进行整体研究的文献。考虑到构建类玩具在游戏化学习领域日益凸显的重要性，因此有必要依据研究对象的特点，采用合适的关于用户体验的研究方法来对构建类玩具的设计规律进行系统分析，以此形成基于游戏化学习环境的构建类玩具用户体验设计的实施途径。

1.3 研究目标及内容

本书介绍的研究以被广泛应用于游戏化学习领域的构建类玩具作为研究对象，旨在为我国构建类玩具的用户体验设计提供必要的参考，进而提升国内构建类玩具的设计水准，支持相关用户获得良好的游戏化学习体验。具体研究目标如下：

1）研究针对游戏化学习环境的构建类玩具设计方法的研究框架。在构建类玩具的研究体系中，缺乏基于游戏化学习环境进行用户体验设计方法的研究。针对这个问题，通过对用户体验设计、游戏化学习、模块化系统理论的分析与综合，形成构建类玩具用户体验设计方法的研究框架，具体包括各个体验维度上设计要素的提取、感官体验维度上设计要素的研究、操作体验维度上设计要素的研究、领悟体验维度上设计要素的研究、用户体验设计方法的建立五个方面。该框架为相关研究工作的开展提供总体规划与理论支持。

2）构建类玩具设计目标及设计要素的提取。构建类玩具用户体验设计方法的研究框架中，构建类玩具各个体验维度的设计要素尚需进一步明确，需按照"用户—产品—环境"相互适配的分析思路，建立由构建类玩具、构建类玩具用户、协助人员（教师）组成的"构建类玩具—用户"系统。利用KJ法，归纳分析系统中构建类玩具用户的游戏化学习体验情况及相关教师、专业设计人士的意见，寻找解决构建类玩具用户体验问题的切入点，将外观、连接方式与游戏架构、实用功能作为感官体验维度、操作体验维度、领悟体验维度的设计要素，并分析出各个维度上的重要研究目标，从而为深入研究构建类玩具各个体验维度上相关要素的设计规律确立方向。

3）研究构建类玩具各种设计要素的特征变化对用户不同维度体验的影响。由于构建类玩具各个体验维度上相关要素的设计规律未被系统揭示，因此需要利用各种实验手段对构建类玩具各个设计要素的特征变化与用户完成相应体验目标的影响关系进行逐一研究，并得到相关的设计规律：在感官体验维度，借助感性实验分别获得与用户的认知、情感高度匹配的构建类玩具的模块形态，各种色彩与不同游戏风格意象之间的关联，各种材料与不同主题的学习情境之间的优先适配规律；在操作体验维度，通过对四种重要的构建类玩具游戏架构形式与五种主流的模块连接方式的可用性测试，依次得到它们在游戏化学习各个方面的表现水平；在领悟体验维度，围绕典型的学习迁移任务提出适合用户进行游戏化学习领悟的构建类玩具实用功能的适配性表达特征。

4）研究针对游戏化学习体验的构建类玩具的设计方法与评价策略。在设计研发应用于游戏化学习环境的构建类玩具的过程中，仍缺乏系统性设计方法及评价策略作为参考依据。本书介绍的研究在对构建类玩具各体验要素的设计规律进行综合的基础上，形成相应的用户体验设计方法，并且从评价指标、权重、评价方法三个方面建立构建类玩具的游戏化学习评价体系，从而为相关设计人员提供可参考的设计方法与评价策略。

1.4 研究范围

本书所介绍的研究旨在以对构建类玩具用户的调研与相关实验分析为基础，获得具有典型意义的研究结论。为了准确研究目标用户在执行典型游戏化学习任务时的使用体验，要对构建类玩具用户、游戏化学习的内容限定范围，并对相关原因进行阐释。

（1）构建类玩具用户　根据市场调研结果，构建类玩具的用户覆盖从幼童至老年人的各个年龄段。由于各年龄段用户的使用需求不尽相同，因此在玩具的功能设置上应各有侧重：学龄前儿童的构建类玩具注重对用户感知功能的锻炼以及空间认知、基础计算能力的培养，学龄儿童的构建类玩具主要针对相关知识、技能的习得，成年人的构建类玩具强调休闲益智的功效，特殊群体（如认知障碍人群）的构建类玩具注重康复训练。鉴于研究的最终目标是利用构建类玩具来提升游戏化学习的品质，所以需要结合实际情况对被研究人群的范围做出相应的限定，具体从两个方面进行考量。一方面，目前国内与游戏化教学相关的课程主要集中在幼儿园、小学阶段，授课对象的年龄区间为 3 ~ 12 岁。需要说明的是，相较于传统的课堂学习，游戏化学习会占用更多的课堂时间。受升学压力等因素的影响，游戏化学习在当前国内初中、高中的教学领域中未得到普及。另一方面，构建类游戏是使用结构材料（积木、积塑、沙、土、金属部件等）构成或创造出某种造型的活动。儿童在构建类游戏的过程中，既需要感知运动性技能，又需要符号表征能力，而且这样的自发智力活动已接近于成人世界的造物工作。根据著名教育心理学家皮亚杰的认知发展游戏理论（此理论被乐高玩具作为重要的设计与应用参考），在儿童的成长过程中，适宜其参与的游戏形式会随着儿童认知能力的阶段性发展而不同。7 岁以前的儿童受自身认知水平所限，往往只能利用构建类玩具进行基本能力、素养的培训，难以通过这样的游戏形式收获高水平的知识与技能。而处于 7 ~ 12 岁阶段（相当于小学 1 ~ 6 年级）的儿童已开始具备逻辑推理的能力，并且此阶段儿童的思维需要具体事物的支持，因此这一阶段的儿童适合进行更多的构建类游戏操作。基于对研究目标以及用户情况的综合考虑，选择 7 ~ 12 岁的小学生作为被研究的用户群体。

（2）游戏化学习的内容　课堂是游戏化学习应用的重要场景，也是教育创新实践的主要领域，因此本书所介绍的研究主要依托课堂教学平台来开展针对用户游戏化学习的研究工作。作为游戏化学习重要工具的构建类玩具,其自身具有"塑造"属性,因而使与之相关的游戏化学习内容也含有"造物"的特征,即在课程教学领域,构建类玩具常与一些含有制作类型的课程紧密绑定,这些课程通常注重培养学生解决问题及创新的能力,使学生在"造物"游戏中内化与拓展相应的知识、技能。此外,从国内相关课程的设置中可以发现,构建类玩具与科学、技术、工程、数学等"硬技能"学科结合的情况较为多见,但是其与人文艺术相关的"软实力"课程进行对接的项目却较为有限。出现这种现象的原因是,人们可能受到传统学科划分观念的影响,片面地理解了"科学技术是第一生产力"的含义。然而从大量的现实案例与研究报告中可知,将人文艺术学科领域的知识与科学技术领域的知识相互融合,可以更好地促进学生发现和创新,有利于提升他们在科学教育过程中的批判性思维、解决问题、沟通与协作能力(这也是风靡全球的 STEAM 科学教育体系将人文艺术学科纳入其中的主要原因)。为了让国内学生的知识素养得到全面发展,同时也为了使相关研究更加具有普适价值与前瞻意义,本书所介绍的研究在部分实验和设计验证环节中有针对性地选择了一些涵盖科学技术、人文艺术知识的实践创作类项目作为游戏化学习的内容。

1.5 研究方法

由于针对构建类玩具设计方法的研究具有一定的跨学科性,因此其研究途径具有多样性。研究方法包括文献分析法、质性研究法、实验研究法等。

(1)文献分析法 本书所介绍的研究主要利用与用户体验设计、游戏化学习、模块化系统构建相关的文献资料来进行综合研究。通过对文献的梳理,将各种理论知识融入一个体系之中并对相关问题进行探讨。本书所介绍的研究以国内外高层次学术刊物中的相关文献作为主要参考对象,重点考察构建类玩具用户体验设计与游戏构成原理、建构主义学习机理、模块化系统构建之间的理论契合点。

(2)质性研究法 质性研究法是一种在社会科学及教育学领域经常使用的研究方法。质性研究法是指研究者参与到自然情境之中,充分地收集资料,对社会现象进行整体性探究,采用归纳而非演绎的思路来分析资料和形成理论。本书所介绍的研究借助质性研究法,对采用观察和问询的手段获得的相关调研数据进行梳理与归纳,从而增强了分析内容的可靠性与合理性。此外,本研究还利用 KJ 综合分析法，对调研信息从"质"的维度进行加工提炼，在此基础上生成新的理论模型。

（3）实验研究法　本书所介绍的研究以具有代表性的玩具产品以及部分自制原型作为实验材料，借助在产品设计、教育领域被广泛应用的"行为观察"和"调查（量表）问卷"，来获得基于用户外部操作行为与内部心理活动方面的多元数据。例如本书所介绍的研究利用感性工学、可用性测试、学习迁移中的相关实验研究手段，分析构建类玩具不同设计要素的特征变化与用户实现各种游戏化学习体验目标之间的作用关系，同时也考虑了实验中的个体差异，以便获得客观、翔实的实验数据与研究结论。

1.6　本章小结

本章围绕游戏化学习中的构建类玩具设计这一主题，对相关的研究背景及意义、国内外研究现状、研究目标及内容、研究的范围、研究方法进行了较为全面的阐述，以此为应用于游戏化学习领域的构建类玩具的设计方法研究工作做好铺垫。

主要内容如下：

1）通过介绍和分析构建类玩具在教育领域被广泛应用的情况，以及国内玩具企业由于缺乏针对"游戏化学习应用领域"的设计方法，导致国内用户使用体验大受影响，构建类玩具本应具有的教育价值与娱乐功效被严重削弱的现状，阐明建立与游戏化学习相配套的构建类玩具设计方法对于提升国内玩具产品的设计品质，助力国家对于新时代创新人才的培养具有十分重要的意义。

2）基于对构建类玩具、游戏化学习、用户体验相关的国内外研究现状的分析，阐明目前国内构建类玩具的设计研究领域未能很好地建立起相关理论方法之间的紧密联系，具体的研究目标与研究重点尚未明确，需要系统研究如何建立构建类玩具设计方法的研究框架，提取构建类玩具设计目标及设计要素，获得构建类玩具各个体验维度的设计规律，形成构建类玩具用户体验设计方法等，以支持基于游戏化学习环境的构建类玩具的设计工作。

3）围绕所涉及的四个研究目标进行系统阐述，即研究针对游戏化学习环境的构建类玩具设计方法的研究框架、研究构建类玩具设计目标及设计要素的提取、研究构建类玩具各种设计要素的特征变化对用户不同维度体验的影响、研究针对游戏化学习体验的构建类玩具的设计方法与评价策略。

4）针对所涉及的"构建类玩具用户""游戏化学习的内容"进行范围限定，其中"构建类玩具用户"选择 7～12 岁的小学生用户，"游戏化学习的内容"特指可支持学生利用构建类玩具进行"造物"游戏的课程内容，以便准确研究目标用户在执行典型游戏化学习任务时的使用体验，进而获得具有典型意义的研究结论。

5）围绕所采用的文献分析法、质性研究、实验研究法进行系统介绍。

第 2 章 基于多种理论的构建类玩具设计方法研究规划

构建类玩具是一种利用模块组合手段进行游戏化学习的体验工具,在对其设计方法进行系统研究的过程中,需要综合利用与其特性相关的多种理论来开展更具针对性的研究工作。然而,目前的研究尚未充分建立起相关理论知识之间的联系,而且在一些关键环节上的研究较为片面、零散,难以全面支持构建类玩具的设计方法研究工作。针对上述问题,本书通过对与构建类玩具设计相关的用户体验设计、游戏化学习、模块化系统理论的系统梳理与综合运用,形成"构建类玩具用户体验设计方法的研究框架",具体包括各个体验维度上设计要素的提取、感官体验维度上设计要素的研究、操作体验维度上设计要素的研究、领悟体验维度上设计要素的研究、用户体验设计方法的建立五个方面。该框架为本书所介绍的研究工作的开展提供总体规划与理论支持。

2.1 用户体验设计

"体验"的定义是"从做、看或感觉事情的过程中获取知识技能,某事发生在你身上,并影响你的感觉"。从此释义可获悉,体验源于心理认知的感性层面。随着体验经济、服务经济、信息经济时代的到来,产品的"机能"表现不再是唯一的重点,产品设计领域越发重视用户在特定的时空条件下对使用的"人造物"的感官体验与认知过程。设计的内涵也从"以物为本"向"以人为本"转变,其目标是通过研究人类的情感与知觉心理系统,来协调、增进产品与用户之间的互动联系,进而使个性化的需求得到满足。

2.1.1 用户体验的概念及特征

用户体验(User Experience,UE)是指用户在使用产品(包括物质产品和非物质产品）或者享用服务的过程中建立起来的心理感受和反应，涉及人与产品、程序或者系统交互过程中的所有方面。在国际标准化组织发布的 ISO 9241-210：2019《以用户为中心的设计》（*Human- Centred design for interactive systems*）标准中，对用户体验进行了系统性解释。

1）用户体验包含使用前、使用时及使用后所产生的情感、信仰、喜好、认知印象、生理学和心理学上的反应、行为及后果。

2）用户体验是指用户根据品牌、外观、功能、系统性能、交互行为和交互系统的辅助功能，以及以往经验所产生的内心及身体状态、态度、技能、个性及使用状况的综合结果。

3）如果从用户个人目标的角度出发，就可以把随用户体验产生的认知印象和情感算在产品可用性（"可用性"是指产品在特定使用环境下被特定用户用于特定用途时所具有的有效性、效率和用户主观满意度）的范畴内。因此，产品可用性的评测标准也可以作为参考，用来评测用户体验的各个方面。

一般来说，用户体验是一个循环往复的过程，其生命周期由五个步骤组成：第一步，用户被相关产品所吸引；第二步，用户了解产品的基本使用方法；第三步，用户使用产品；第四步，用户在使用完毕后，愿意再次体验；第五步，用户对产品形成一定的信任以及情感维系，愿意为产品发展做出贡献。

此外，全球相关领域的研究者也从不同的视角对用户体验的构成体系进行分析，其中的一些成果在业界引起了较大反响。如：Robert Rubinoff 在其所提出的用户体验模型中将用户体验分成品牌、可用性、功能性、内容四种要素，并综合运用这些要素来对产品给予用户的体验进行评估和度量；Bernd Schmitt 利用人脑模块分析、社会心理学的理论工具将用户的体验划分为感官、情感、思考、行为、关联五个维度进行研究；McCarthy 和 Wright 分析了人们在使用技术时的期望和人们对其体验理解方式的重要性，并以此提出构成全面体验的四个核心线程，即感官线程、情感线程、复合线程、时空线程；Desmet 和 Hekkert 提出了产品体验过程所涉及的三个层次，即美学体验、含义体验、情感体验。

通过对以上内容的梳理归纳，可以提炼出用户体验的特征：

1）情境性：不同的情境条件可以引发不同的体验。

2）参与性：体验经常在用户参与的过程中形成，也就是说使用期间的过程会影响体验的结果。

3）持续性：体验是用户与产品连续互动过程中所生成的一种长期有效、不断发展的心理反应。

4）独特性：体验贯穿用户的使用全过程，同时用户也会因其个人的人格特性、过去经验而产生独有的体验感受。

5）可用性：产品在使用方面需要尽可能地满足用户的身心需要。可用性作为一种衡量标准，包含用户在操作一件产品时的学习性、效率性、记忆性、容错率、满意度等指标。

6）愉悦性：在某些情况下，用户与产品接触，其能否在情感上得到愉悦满足是评价用户体验有效性的重要标准。

7）高附加值性：体验具有低投入、高产出的特性，其附加价值的成长空间是无限的。

8）创新性：体验需要通过多元化、创新的方法来提升用户的体验品质。

值得注意的是，虽然用户体验带有很强的主观性，以及受诸多不确定的因素的影响，但对于一个界定明确的用户群体而言，其用户体验的共性是能够经由具有针对性的研究来提取和利用的。

2.1.2 用户体验设计的定义与内涵

工业设计的本质是创造更合理的生活方式，以此全面提升人的生存质量。我国著名的工业设计学术带头人和理论家柳冠中指出：设计，看起来是在造物，其实是在叙事，在抒情，也在讲理。这里所提到的从设计"物"到设计"事""情""理"的转变，表明当下工业设计领域关注的重点在于解决人与产品、环境的关系问题，从而展现人性价值以及产品的效能，最终为人服务。在工业设计体系里，企业将服务作为"舞台"，把产品作为"道具"，把环境作为"布景"，使用户感受到美好的体验过程。

用户体验设计（User Experience Design，UED）是一项包含了产品设计、服务、活动与环境等诸多因素的综合性设计，每一项因素都是基于个人或群体需要、愿望、信念、知识、技能、经验和看法的。在这个过程中，用户不再被动地等待设计结果，而是直接参与并影响设计，以保证设计能够真正符合其需要。在以用户体验为核心的目标系统中，产品的功能是最基本的需求，可用性在中间，而认知和情感的满足则是用户的最终目标，正如 Allanwood 和 Peter 所提出的"用户体验设计是将设计思维聚焦于用户体验的质量上"以及 Norman 一直强调的"实现正常工作，可以理解并且可以使用的产品是不够的，我们同样需要给人们的生活创造快乐、兴奋、乐趣、褒奖以及美好"。Norman 根据用户体验层次的关系，在其理论中将设计分为三个水平，即本能水平、行为水平和反思水平：本能水平的设计关注产品的外形，包括视觉、触觉和听觉等，是指即刻的情感效果（或对产品的第一感觉）；行为水平的设计关注的是产品的操作，讲究的是效用；反思水平的设计关注的是产品的形象和印象，注重信息、文化以及产品或者产品效用的意义。在产品的设计中，Norman 强调设计师应充分考虑三个层次的需要，将技术、功能、外形、材质、色彩和象征等因素作为产品编码的重要组成部分，编写形码和意码，同时融合产品的行为层面和反思层面，考虑产品的美观、易用性、心理感受和象征意味等，以此设计出更具人性化的产品。

用户体验设计的本质特征在于协调"人—产品—环境"所组成的情境的动态关系，为人们创造多重结构以及和谐的生活方式。对使用方式的情境描述主要集中在使用产品的过程中人与环境和社会的动态关系，这种关系包括人与使用环境（时间、空间）、人与人（各自角色定位）、人与产品（感受与互动）、产品与产品（相互作用与影响）等多重结构和互动，具体来说：

"人"是指产品使用者的特质，如生理特征、性别特征、行为方式、情感、社会角色、购买力、智力、教育水平、人格、对任务的理解和期望、在家庭结构和工作模式中的地位等。

"产品"是指与人发生关系的物品（包括物质产品和非物质产品）的属性，如功能、造型、色彩、结构、材质和重量等。此外，"产品"还包括使用方式属性，如信息接收方式、操作与控制方式等。产品设计要人性化，符合人的心理和生理特征，易于操作，使用后使人感到愉悦。

"环境"是指影响人和产品使用的物理情境和虚拟情境，包括自然的、社会的和文化的环境因素，如居住空间、时间分配、社会习性、流行风尚、经济结构、工作和社会文化等。

由此可见，用户体验设计的实质是从生活形态与具体情境出发，结合系统的、科学的实验和分析，为用户塑造多维度体验与思维认可。这对设计工作提出了明确的要求：一方面，为了创造有效的用户体验，设计者需要对用户、技术以及交互机制有所了解；另一方面，为了能够创造吸引人的用户体验，设计者也需要了解情感的产生机理，对美学和人们的期望也应有所了解。创造出的产品应该能够让用户的生活、学习、工作变得更加具有意义与乐趣。

2.1.3 用户体验设计方法研究的基本思路

用户体验设计方法的研究是一种为了更好地开展以用户为中心的设计实

践而进行的解决设计技术性或方法性问题的研究工作。具体来说，此类研究聚焦于设计团队在产品设计开发阶段所执行的设计流程以及所采用的相关方法，对产品开发流程中的设计过程模式、方法、重要技术等进行系统性研究，再将研究成果置入具体项目中进行检验。虽然有关用户体验设计方法的研究路径各不相同，但它们的基本思路大多是遵循一定的范式而发展起来的。下面从用户体验设计的基本流程以及视角定位两个方面，对用户体验设计方法研究所涉及的相关范式进行分析梳理，从而进一步明确用户体验设计方法研究的基本思路。

（1）用户体验设计的基本流程　在用户体验设计流程的设置方面，虽然不同属性的产品，其用户体验设计的具体流程不尽相同，但整体上沿用一套基本模式，即研究用户、提出设计原型、让用户进行体验尝试、根据反馈不断改进和完善设计方案，直到满足用户的体验需求。其过程可以概括为用户需求分析、产品开发设计和产品测试评估三大阶段。

1）用户需求分析要运用各种各样的手段采集信息资源，如采集资料、设计实验，以此获得用户的显性需求和隐性需求的信息，建立产品需求文档。在此基础上结合市场分析和产品定位等，将用户需求转化为更加具体的任务以及描述，以此明确开发目标，便于设计人员开展设计。

2）产品开发设计是指在经过用户需求分析之后，设计人员用较短时间开发出一个满足基本功能要求的、简单的、可运行的工作模型。借助此模型用户可以模拟进行某项操作任务，设计人员则可以借此手段对各种设计构成要素进行有针对性的测试，从用户的使用体验中检验设计是否合理。

3）产品测试评估是把构成产品的软、硬件系统按性能、功能、界面形式、可用性等与某种预定的标准或者预想状况进行比较，对产品做出评价。产品测试评估是一个重要环节，可分为两类：一类是在产品完成之后做出的最终评价，称为总结性评价；另一类是在设计过程中的评价，称为阶段性评价。产品的成功与否只有通过评价以及用户的实践，才能得到最终的判断，判断的结果有助于对产品进行完善和发布。

（2）用户体验设计的视角定位　用户体验设计的视角定位是设计中采用各种具体方法的先决条件。在设计视角的定位中往往需要以一套合适的用户体验理论模型作为参考依据，如 Garrett 的用户体验五要素模型、Whitney Quesenbery 的用户体验 5E 模型、Morville 的用户体验蜂巢模型、Corey Stern 的 CUBI 模型等。对这些理论模型做对比分析，结合对构建类玩具及相关用户特征的理解发现，大部分模型适用的领域与本书所介绍的研究不符，而且一些模型的构成形式较为复杂，不利于围绕相关（儿童）用户开展研究工作。本书所介绍的研究最终选择 Norman 的"本能—行为—反思"理论模型（见图 2-1）作为定位设计视角的重要依据。

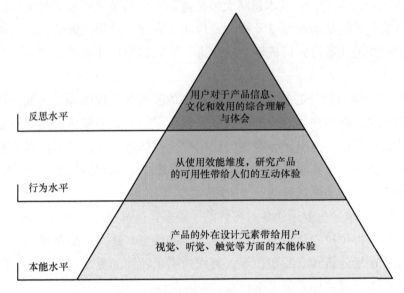

图 2-1　Norman 的"本能—行为—反思"理论模型

为了更加准确地理解该理论模型中的相关内容，本书将此模型中的"本能""行为""反思"调整为"感官体验维度""操作体验维度""领悟体验维度"，结合 Norman 对该理论体系的描述来加以系统分析：

1）针对感官体验维度的研究主要涉及在人与产品的交互过程中，产品的外在设计元素带给用户视觉、听觉、触觉等方面的本能体验，强调易识别性和悦目性。

2）针对操作体验维度的研究主要是从使用效能维度，研究产品的可用性带给人们的互动体验，其核心在于用户对产品的控制与驾驭。

3）针对领悟体验维度的研究主要是分析用户对产品所富含的信息、文化和效用的综合理解与体会（特别是新的收获），这是一种更深层次的认知情感。

因此，从产品体验的目的、方式出发，可以将围绕"设计视角"所开展的研究工作定位在以下几方面：

针对感官体验的设计方法研究：强调易识别性和悦目性。

针对操作体验的设计方法研究：关注使用的效用和愉悦感。

针对领悟体验的设计方法研究：关注记忆、自我形象、个人的满足等。

综上所述，本书中用户体验设计方法研究的基本思路是以用户需求分析、产品开发设计和产品测试评估为基本设计流程，以"感官体验、操作体验、领悟体验"为分析视角，针对设计对象的特征及设计目标，开展解决设计技术性或方法性问题的研究工作。这一基本思路的厘定，为接下来的构建类玩具用户体验设计方法的深入研究奠定了重要基础。

2.1.4 用户体验设计方法研究的技术方略

用户体验设计方法的制定需要有配套的研究技术手段来予以支持。从上文提及的"感官体验、操作体验、领悟体验"的设计视角出发，可以将针对这些体验维度所开展的研究工作与设计学领域的感性工学、可用性设计、基于反思水平的设计所涉及的研究技术手段进行关联，如图 2-2 所示。得到的实验成果可为设计方法的输出提供重要的依据。以下是对相关内容的简要介绍，其中的技术手段将在相应的实验研究描述中予以具体呈现。

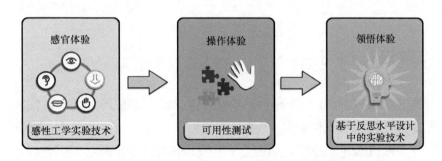

图 2-2　不同体验维度上所采用的实验技术

感性工学是一种结合了设计科学、心理学、认知科学、人机工程学、运动生理学等领域的知识，以用户需求为导向的新一代的产品开发技术。在日本及欧美各国，感性工学在机械及日用品的设计中经常被使用，在现代产品设计中发挥着重大作用。其核心思想是以理性的方法，如语义实验、对比实验、眼动仪实验、数据分析实验等来研究人的感性，并将人的感性需求及意象进行量化，再通过一定的规则找出感性量与工学中各种物理量之间的关系，最后将人的感性信息与产品设计元素结合起来进行产品的开发研究。

可用性设计是以提高产品的可用性为目标的设计，它是心理学运用于设计实践中的重要部分，也是设计中合理性要素的集中体现。由于可用性设计是以用户为中心的设计，因此可用性设计包含两项重要的内容：一是以目标用户心理、行为研究为核心的可用性测试,二是将认知心理学、人机工程学等学科的基本原理以及可用性测试中所发现的规律运用于设计之中,如按照人的尺度设计,考虑人的极限,形成自然匹配,考虑易视性和及时反馈、容错性、易学性、简化性、兼容性等,以此形成较为通用的设计准则。

基于反思水平的设计是设计师利用设计物所承载的功效、信息、文化等因素来触发用户产生基于自身经历、理解、意识、知识水平的"深层次体验"的一种设计。对于个人用户而言,此类设计所具备的主要价值包含:一,引起个人的回忆、联想;二,表达个人形象。不同用途的产品给予用户反思体验的目标各不相同,鉴于构建类玩具是将"学习"作为体验进程中的核心导向的,因而可借助相关设计为用户提供一定的思考余地,以使他们能够充分解读、领悟产品所传达的知识内涵。值得强调的是,基于反思水平的设计所涉及的范围甚广,对其的研究手段也非常丰富,需要根据具体的研究目的进行有针对性的选择。聚焦于构建类玩具的相关研究环节,可在反思水平设计理念的指引下,进一步借鉴教育领域的研究思路及方法,开展更具针对性的研究。

2.2 游戏化学习

人类与生俱来的玩乐天性和世间事物所蕴含的丰富意趣,是社会发展进程中不可或缺的原动力。伴随着后工业社会的到来,设计由"以产品(物质)为中心"向"以情感(非物质)为中心"转变,在此背景下兼具实用与玩乐属性的产品备受消费者青睐。鉴于构建类玩具的功能兼具教育学习与游戏娱乐的属性,为了使相关设计更加贴合"寓教于乐"的使用目标,将游戏的构成机制及相应的学习策略纳入研究范畴之中,以此阐明它们在设计领域中的理论价值与现实意义。

2.2.1 游戏的概念与构成

在自然世界里,游戏是各种动物熟悉生存环境、彼此相互了解、练习各种生存技能的本能活动。为了促进人类个体的发展以及社会的进步,各种形式的游戏被人创造出来。千百年来,这些被人类文明孕育出的游戏有机地融入人们的生活、劳作、学习等各个领域,并悄然改变着人类社会的一切。由于构成游戏的因素较为复杂,不同时代、社会、领域中的人们对游戏的研究取向也不尽相同,因此形成了多元化的研究形态。不同时期、不同领域中的游戏理论(见表2-1)对全面理解游戏具有十分重要的参考价值。

表2-1 不同时期、不同领域中的游戏理论

时期	领域	代表人物	理论观点
古希腊时期(公元前800—公元前146年)	哲学	柏拉图(Plato)、苏格拉底(Socrates)、亚里士多德(Aristotle)	在各自的哲学框架中,将游戏(竞争性游戏、模拟性游戏、随机性游戏)的意义作为理解人类表达和思想的一部分
启蒙时期(17—18世纪)	哲学	康德(Immanuel Kant)、席勒(Johann Christoph Friedrich von Schiller)	将游戏视为人类通往更高级的、更具精神性思维的途径
	教育学	福禄贝尔(Friedrich Wilhelm August Fröbel)	通过游戏中"恩物"(可以被用来进行多样化操作、并能够导致教育顿悟的游戏物品)的介入,能够使儿童得到自然、数学、艺术方面的熏陶与培养
19世纪	生物学	达尔文(Charles Robert Darwin)	进化论为19世纪研究游戏的学者提供了新的思路,他们认为游戏是生物适应机制的一种具体反映
	心理学	霍尔(G. Stanley Hall)	从低级到高级的游戏形式是对人类进化过程中各个阶段的复演
	博物学	谷鲁斯(Karl Groos)	游戏是人类在为未来的生活进行练习,是一种帮助物种适应的准备形式
20世纪	教育学	蒙台梭利(Maria Montessori)	通过游戏材料来训练儿童感官、创造有秩序的课程。利用符合儿童尺寸的"微型"教学材料来训练游戏中儿童的真实生活技能
		杜威(John Dewey)	自由和内在驱动是游戏的组成部分。游戏为儿童提供了一个知识内化的条件。游戏是对自然、社会的自由、有趣的探究
	休闲学	赫伊津哈(Johan Huizinga)	游戏具有社会和文化功能,文明是以游戏为基础产生和发展起来的

（续）

时期	领域	代表人物	理论观点
20世纪	人类学	贝特森（Gregory Bateson）、加维（Catherine Garvey）	从交流的视角观察游戏行为，游戏参与者们根据彼此发出的信号来商议、推敲共同的游戏框架，并在此框架下进行游戏互动
	心理学	弗洛伊德（Sigmund Freud）、埃里克森（Erik H. Erikson）、佩勒（Lili Peller）	感觉或情感是游戏的重要组成部分
		皮亚杰（Jean Piaget）	游戏是同化知识的途径，可以划分为练习类游戏、象征类游戏、规则类竞赛游戏、构建类游戏四种类型
		维果茨基（Lev Vygotsky）	游戏可以促成儿童在成人、更有能力的同伴协助下，完成高于日常水平的任务，进而提升他们的思维、行动能力
		布鲁纳（Jerome S. Bruner）	游戏是解决问题的方法
		丹尼尔·伯莱因（Daniel Ellis Berlyne）	游戏是满足人探索、寻求刺激、理解等认知需求的产物
	社会学	洛基·凯罗伊斯（Roger Caillois）	将"玩耍"归纳为竞争、运气、模仿、眩晕四种模式，并依据每种模式被开展时的结构化情况（相关规则、目标的明确程度），在此基础上又分划为嬉戏、竞技两种形式，以此形成八种游戏类型
		米尔德里德·帕顿（Mildred Parten）	游戏过程包含着个体的社会性参与
		萨顿-史密斯（Sutton-Smith）	游戏是一种能产生积极情感的活动

（续）

时期	领域	代表人物	理论观点
21世纪	电子游戏设计	拉夫·科斯特（Raph Koster）	游戏是在快乐中让人学会某种本领的活动
		克里斯·克劳福德（Chris Crawford）	游戏遵循某种限制玩家的规则而展开，而且具有互动性、叙事性
		格雷特·科斯特恩（Greg Costikyan）	游戏是参与者主动尝试克服种种障碍的活动，并且从中可以衍生出社交行为
	心理学	巴夫利埃（Bavelier）	从认知神经科学角度来看，游戏能够增强人的学习能力

综合表2-1中各位有影响力的学者以及资深制作人员的观点可以得出结论：无论是现实环境中的游戏还是虚拟平台上的游戏，其本质都是一个结构合理的"系统"。游戏者在游戏中执行抽象的任务；任务由规则、互动性和反馈界定，产出可以衡量的结果，并使游戏者产生认知收获与情感（情绪）反应。游戏系统的构成要素具体包含：

（1）抽象　游戏是基于真实世界的抽象模型，即游戏拥有现实情境中的部分元素或情境的本质特征，但不是复制品。抽象可将现实中的"精华"提炼到游戏里，易于游戏者在经过设计的游戏时空中理解游戏中发生的一切。

（2）目标　目标的引入为游戏行为注入了意志、专注和可量化的结果。为了使目标能够持久被游戏者关注，并使他们的各项技能得到逐步锻炼。可以给游戏设立终极目标，并用一系列具有针对性的过程目标来支撑，使它们分布在游戏的不同层级中。

（3）规则　游戏规则是维持游戏体系正常运转的保证，它们规定了游戏的玩法、顺序、胜出状态以及公平标准等，促使游戏者运用策略，推理出在规则框架内做出影响事件结果的选择。

（4）关系　游戏者之间的关系主要为竞争与合作。在竞争的过程中，游戏的意义是面对特定的环境、困难和对手，尽其所能，以最佳状态完成任务。合作是和他人一起努力的行为，以达成彼此心仪和利益均沾的结果，它属于游戏的社交层面。优秀的游戏经常把这两个元素综合在一起。

（5）交互　作为游戏体系中的核心要素，交互发生在游戏中的物件之间、物件与游戏者之间、物件与游戏内容之间，好的交互体验可以凸显游戏的价值，激发人们产生游戏的动机。

（6）反馈　游戏中的反馈通常非常迅速、直接和清晰。正向或者负向的反馈，可以促使游戏者采取正确的思想或行动。

（7）奖励　利用精心设计的奖励结构，游戏可以给游戏者补充动力，从而让他们长期保持对游戏的兴趣。

（8）叙事　游戏和叙事的结合能催生出互动的故事，吸引游戏者并助推其成长——在游戏中添加叙事元素，让游戏者进入故事情境，是传承知识内容并指导行为和思想的有效途径。

（9）美学　美学包括艺术、美感和视觉元素。在对游戏中的各种感官元素进行处理时：忽视美学会削弱游戏者的沉浸体验；没有美学处理，游戏情境就显得单调；好的美学处理能让游戏体验得到大幅度的提升。

（10）反复游戏　游戏赋予游戏者重启的权限，它的意义在于允许游戏者以最小的代价失败，以此鼓励他们展开积极探索与尝试。通过反复游戏，游戏者的经验得到积累、技能得到提升，最终在完成游戏时收获更佳的成就体验。

需要说明的是，对于一种游戏而言，以上这些构成因素不一定全部纳入其内，可依据具体情况选择。

2.2.2　建构主义学习理论

引领知识创新时代教学变革新方向的建构主义学习理论是在一定的现实状况与学术条件下，发端于人们对传统教学的诸多不适的反思，进而根据教学领域的发展目标与技术条件逐步形成并兴起的一种教学观与学习观。建构主义学习理论认为学习是一个积极的建构知识经验的过程——学习者通过内部知识经验与外部环境互动的方式，来形成自己对于现实世界的主动理解。本书所介绍的研究所涉及的构建类玩具用户在游戏中操作材料的行为正是一种对知识经验的"自我建构"——用户在动手操作游戏材料的过程中，通过运用已有的知识经验，获得对新的知识的认识和理解。因此，建构主义学习理论对于游戏化学习的有效开展起到了良好的支持作用。

（1）建构主义学习理论的内涵

1）学习者是知识生成的主体。学习过程是学习者主动建构自己知识的过程，其实质是通过新、旧知识的互动来改变已有的知识体系。而在教学过程中，教师的指导、同伴的协助以及对相关材料的应用会起到引导、支持知识建构的作用。

2）学习过程表现为"同化""顺应"两种认知技能的统一。一方面，学习者将所要学习的新知识与已有知识经验建立联系、产生推论，进而将这些新知识同化进内部已有的认知结构，形成知识的连续性累积。另一方面，学习者原有的知识经验可能会因为新知识的介入而在认知层面引发一定的"冲突反应"，需要对原有的知识结构进行一定的调整改造，以此顺应知识体系的可持续发展。

3）学习内容的相对性。建构主义学习理论在一定程度上质疑知识的客观性、全面性、普适性。首先，建构主义学习理论认为知识并不是对现实的准确表征，它只是一种解释与假设，即非终极答案。其次，建构主义学习理论认为知识并不具备全面描述世界的作用，需要根据具体情境进行知识的再加工、再创造。最后，建构主义学习理论强调对知识的理解不能脱离个体的经验背景，对知识的理解要因人而异、因外界条件不同而产生相应变化。

4）注重学习的情境性与社会性。建构主义学习理论强调学习者知识的生成应来自于具体的学习任务，这些学习任务必须要与实际情境相联系，以解决现实生活中的问题为目标，从而能够有利于激发学习者的学习主动性，并使其能够在复杂多变的情境中自然、灵活地迁移知识来解决问题。此外，教学过程要与现实的问题解决过程相接近，解决问题的相关线索、材料、工具须隐含在情境当中，教师需要引导学生进行相关探索，并根据学习者对具体问题的解决过程来评估整个教学效果。与此同时，建构主义学习理论意识到学习既是个性化行为，也是社会性活动，主张通过交流与合作等方式加强学习共同体的建设，从而在帮助学习者培养合作精神与合作能力的同时加深他们各自对于知识技能的掌握。

（2）建构性学习中的知识运行机制　学习知识一直是学习者发展能力、培养综合素质的必要途径。为了了解建构性学习的活动特性，有必要对其知识运行机制进行细致梳理。

1）建构性学习中的知识类型。建构性学习可能会涉及不同类型的知识，以下对这些知识的内涵进行分析。

① 陈述性知识和程序性知识。陈述性知识是对事实、定义、规则、原理等的描述。程序性知识是有关如何执行某个项目活动的知识（包含技能、策略等）。陈述性知识是学习程序性知识的基础，而程序性知识的掌握也会促进陈述性知识的深化。

② 客观性知识和理念性知识。客观性知识是描述具象性物质的一类知识。理念性知识是为解决某类问题而生成的观念性构想。相较于主要依靠记忆来学

习客观性知识的方式,对理念性知识的学习则需要更加复杂、更加灵活的高级思维方式的介入。

③ 结构性知识和非结构性知识。结构性知识是一类具有规则属性的知识,如公式、定理等,对于简单、明确的问题可直接套用它们来获得确定性答案。非结构性知识主要用来解决在解法规则和答案上具有模糊性或开放性的问题,此类问题需要学习者将原有知识与具体情况相结合,形成新的理解方式和解决策略。相较于结构性知识,非结构性知识的复杂程度、灵活程度要更高。

根据学习者习得知识的程度,可将以上知识归纳进对应的层次中,如图2-3所示。在初学阶段,由于学习者缺乏可以直接迁移和利用的该领域的知识,这一阶段主要通过符号学习的方式,借助练习和反馈活动来掌握包含陈述性知识、客观性知识、结构性知识在内的初级知识。在对相关知识进行情境化应用的阶段,学习者需要对相关知识有更深层次的理解。这需要通过教学者引导与学习者演练相结合的方式使学习者在观察与实践中,理解知识的相互联系与灵活变通,进而获得包含程序性知识、理念性知识、非结构性知识在内的中级知识。在高级知识的习得阶段,由于相关问题复杂程度提高,学习者需要利用大量经验建立起丰富关联的图式化知识模块,进而可以生成专业程度更高、创造性更强的高级知识。由此可见,知识建构的最终目标是建构起深层的、灵活的、有用的知识,从而能够使知识技能得到广泛迁移。

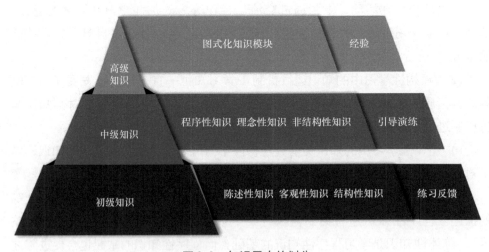

图 2-3　知识层次的划分

2)知识建构中的认知过程。在学习过程中,信息的意义生成是以已经存储在学习者长时记忆中的知识经验和信息加工策略作为基础,使其与从环境中接收到的感觉信息产生互动效应而实现的。在这样的过程中，人脑并不是单向地记录外界输入的信息，而是根据长时记忆中已有的一些知识结构主动建构对外界输入信息的解释，即学习者的理解过程是新信息与长时记忆内容之间的双向互动作用过程，它可用图2-4来简单表示。

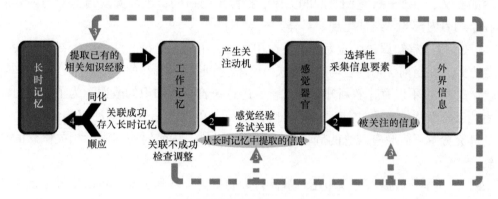

图2-4　知识建构中的认知过程

知识建构的认知过程包含以下几个关键环节：

① 在学习者的长时记忆中所存在的相关知识经验会影响其知觉和注意倾向，同时也会影响对新信息的加工方式。这些内容首先被学习者提取到工作记忆中来，使其能够主动地对那些已经有过类似经验并仍有持续兴趣的外界信息元素产生关注（此环节内容在图2-4中用箭头"1"标示）。

② 经由感知途径输入的筛选信息会尝试与存储在长时记忆中的有关经验要素形成某种关联，从而使学习者产生一定的试探性理解。在此环节中，学习者会通过将感觉经验与已有的经验相对照的方式，来检验理解内容的有效性（此环节内容在图2-4中用箭头"2"标示）。

③ 如果检验后，发现意义建构不成功，就需要对理解中的各个因素进行检查与调整，其中包含为感知外部信息提供动机的内部信息基础、从长时记忆中提取的建立关联的信息、被筛选出的外部信息（此环节内容在图2-4中用箭头"3"标示）。

④ 如果意义建构成功，学习者就可以将所获得的理解内容存储进长时记忆中。此时，会出现两种情况：如果所获得的新经验与长时记忆中既有的其他经验基本保持一致，就可以将新获取的信息同化到原有知识结构中；但如果新旧经验之间发生冲突，学习者就需要重组长时记忆中原有的认知结构，以使其顺应新经验的加入（此环节内容在图2-4中用箭头"4"标示）。

3）知识建构的策略与模式。从以上内容可以发现，在知识建构的过程中，学习者对所学知识的理解程度取决于他们在学习中如何主动地生成知识经验间的联系。为了能够让学习者更好地完成这一任务，在教学活动中的认知环节可以针对当前学习内容，通过相应的刺激方式让学习者领会整体与各部分学习内容的要义、梳理分析它们之间的关系、推测学习目的，进而实现当前学习内容在学习者内部的系统性呈现，具体方法如下：

① 以原有知识、经验为基础，运用类比、举例、论证、演绎、推导、应用等方式，在当前学习内容与原有的知识结构之间建立相应联系。

② 学习不仅意味着新知识的获得，还意味着原有知识的改造。为了让学习者能够不断优化自己的知识结构，应该在可以引发学习者认知冲突的情境中，让其充分意识到原有观念的局限与新观念的优势，从而促使其进行相关概念的转变。

③ 为学习者提供可以做出理解性行为的机会，以利于他们可以更好地操作自己的心理表征、从事理解性活动。

④ 知识建构是一个渐进的过程，为了科学地提升学习者的能力，可以设置一系列理解性行为，让学习者以循序渐进的方式加深对相关主题的理解。

⑤ 在教学活动中，应该为学习者提供形式多样的评价方式，以便他们可以根据各种反馈信息来调整自己的知识结构，从中积累丰富经验。

此外，根据学习成果的不同属性，可以将知识建构活动划分为两种基本模式。一种是以实用性学习活动为特征，重视外显的、动手的、具体的、感性的活动过程，并且注重产生成形的物质性成果，比如手工制品、模型、绘画等。在此种模式中，学习者主要收获的是能够解决实践性问题的知识技能。另一种是以抽象的、理性的求知性学习活动为特征，重视内在的、反思性的、富于理性的思维探究过程，关注如何通过学习活动生成观念性成果，例如新理解、新思维、新观念等。在此种模式中，学习者主要收获的是概括性知识以及发现知识的方法、态度。这两种模式之间存在互补的关系，前者更加重视知识的实际转化应用，后者更加注重对知识的探索。两者从不同侧面对学习的发展起到十分重要的作用。因此，为了在有限的教学时空中尽量丰富学习者的认知维度，教学设计者可以将两种学习模式整合到一起，使学习者在对相关主题的学习中，借助外在的实践操作，来探求隐含其中的知识奥秘。

2.2.3 游戏化学习理念

"游戏化"是指运用游戏的元素、思维与机制，来确保一个激励系统良好运行，以此让被执行的任务流程变得有趣，使人们的参与性、互动性得到增强，生产力得到提高。游戏化的形式可以分为两类：结构游戏化、内容游戏化。结构游戏化是指利用游戏的内在机制驱动人们完成某个任务，同时不改变任务的内容；被执行的任务内容没有游戏感，而任务的流程带有明显的游戏特征。内容游戏化是指对任务内容进行游戏化的改造，注入游戏元素并融入游戏思维，使它具有游戏特征。目前众多研究已证明，游戏化在商业推广、康复保健、教育培训等领域前景广阔。

在学习领域，游戏化学习特指在原本没有游戏元素的学习场景中增加或设计游戏机制、元素，以此提高学习者的参与性与沉浸感，进而促进学习和解决问题。Simon 的研究表明，游戏方式在学习中的应用已由过去只注重技能培养发展至现在对于学习者综合学习素养（如问题解决、合作能力）与态度的全面观照。相应地，游戏化学习在教育、学习中的作用也在不断扩展，主要体现在：提高学习兴趣、促进知识掌握、发展认知能力、培养问题解决能力、培养创造力、培养协作能力、评测知识技能的掌握情况。

按照本书所介绍研究的研究思路，将上文所述的游戏化学习理念与建构主义学习理论相整合，在以"体验"为基本思路的引导下，组成以游戏化学习体验为核心的理论体系。该体系由体验类型、支撑性理论、关系框架三个部分共同构成。

1. 体验类型

体验类型主要包含基于情境的体验、基于协作的体验以及基于动机的体验。基于情境的体验是指游戏化学习环境为学习者提供了与真实任务的认知过程相类似的学习条件，学习者可以从中获取科学有效的认知体验。基于协作的体验是指在游戏情境中，学习者需要获得外在的指导性信息，以此获得启发、激发潜能。基于动机的体验强调了个人动机在游戏化学习过程中的重要作用，这有助于学习者的认知投入并能够积极产生学习反思，促进学习过程中的自我调节。

2. 支撑性理论

支撑性理论涉及与建构性游戏化学习体验相关的五个重要理论（这些理论也可被看作是对上文所提及的游戏化学习理论、建构主义学习理论的整合）。

（1）动机 动机可以分为内生动机、外驱动机两种类型。内生动机是个体在环境和自我交流的过程中产生的由内而外的驱动力，其实质是一种无意识力量，源于最原始的、积累的整个历史经验的心理体验在人脑中的反映。游戏中出现的挑战、好奇、控制、幻想、合作、竞争、自主感、胜任感等因素都可以引发内生动机。外驱动机是指人们受外部刺激所产生的趋利避害的目的，例如游戏中的奖励就可作为一种典型的外驱动机促使游戏者忘我投入。大部分游戏都兼顾了这两种动机，它们构成了游戏化学习体验中的激励机制。在游戏化学习的设计过程中，可以充分利用游戏的刺激因素，使其可以引起游戏者主动学习行为的发生。

（2）分段练习　它是一种把学习内容分解在若干游戏环节上，每个环节都有相应的主题，学习者按照预先设定的规划进行渐进式学习的策略。较之于集中练习，它更有利于对所学知识内容的系统性掌握与长期保持。

（3）支架式教学　支架式教学是基于建构主义学习理论提出的一种以学习者为中心，以培养他们的问题解决能力和自主学习能力为目标的教学方法。该教学方法是指一步一步地为学习者的学习提供适当的、小步调的帮助或指引（这些辅助方式统称"支架"），让学习者通过这些支架一步一步地攀升，逐渐发现和解决学习中的问题，掌握所要学习的知识，提高问题解决能力，最终成长为一个独立的学习者。

（4）情境式学习　游戏化学习情境提供了与真实任务的认知过程相似的学习环境，学习者在与此情境互动的过程中，可以根据各种情况多角度地应用所学知识，并完成对于过程的评价与知识的检验。情境式学习不仅有利于学习者对知识、技能的理解与掌握，更有助于学习迁移的发生，最终更好地使学习者能够对知识活学活用。

（5）心流　心流指的是人全身心投入某种活动并达到一种极致愉悦的心理状态。心流理论是由 Csikszentmihalay 提出的，他认为心流体验包括九个要素，即清晰的目标、及时的反馈、挑战与技能的平衡、行为与意识的融合、意识中排除干扰、无惧失败、自我意识的消失、忽略时间的流逝和专注于活动本身的价值。心流理论特别强调：若游戏任务的难度远超过游戏者的技能水平时，游戏者就会产生焦虑沮丧的情绪；而当游戏任务不具有挑战性，游戏者则会感觉无聊，这些负面情绪可使游戏者对游戏失去兴趣。因此游戏化学习需要在任务挑战与学习者技能水准间达成平衡，从而为心流产生创造条件。

3. 关系框架

在关系框架方面，根据动机、分段练习、支架式学习、情境式学习、心流的特征将它们应用于相关的体验类型中，以梳理出游戏化学习体验系统中各组成要素的关系脉络，如图 2-5 所示。首先，在基于情境的体验中，情境式学习理论为游戏化学习环境的创设提供了依据。其次，在基于协作的体验中，支架式学习理论为游戏化学习中人与人、人与事关系的定位确立了基本方向。最后，在基于动机的体验中，动机、分段练习、心流为游戏化学习任务的制定建立了明确标准。三种游戏化学习体验相互作用，构成游戏化学习体验的理论关系框架。

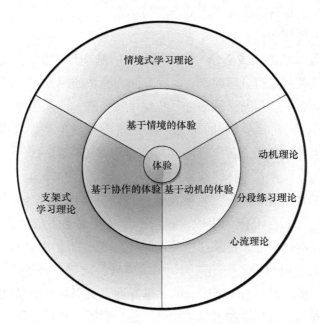

图 2-5　游戏化学习的理论关系框架

2.3　模块化系统

"系统"是指由两个以上相互作用的要素，以一定的结构形式连接构成的功能性有机整体。作为系统表现形式之一的"模块化"是被人类沿用至今的高效思维方法与生产加工手段——在化整为零、分散后归类重组的策略指引下，模块化将不断创新、持续发展的理念深入落实在人类物质文明与精神文明建设中的各个领域，并且使得人们对于模块化事物的体验变得更加系统和多元。

2.3.1　模块的定义、特征和类型

"模块"一词中的"模"是规范、标准的意思，"块"是量词，此处引申为某种具象或抽象的单元。随着模块应用的不断深入，模块概念的内涵也在不断发展和演变。模块研究领域的专家青木昌彦将模块描述为：模块是可组成系统

的、具有某种确定独立功能的半自律的子系统，可以通过标准化的界面结构和其他功能的半自律性子系统按照一定的规则相互联系而构成更加复杂的系统。聚焦产品设计领域，模块是指可组成系统的、具有某种确定功能和组接结构的、典型的通用独立单元。这些模块在一定范围内可以重复利用和相互置换，通过相关模块的组合、分解来实现不同的形态与功能。

模块的主要特征包括：

（1）模块是系统的组成部分　模块是系统的基本构成单元，是按照系统功能或结构的层级关系进行分解的产物。一方面，模块的组合可以形成新的系统。另一方面，模块的主要价值必须通过系统整体功能的实现来体现。

（2）模块是具有特定功能的单元　模块对于系统而言，具有明确的目的性，可独立承担特定功能。各个模块的具体作用都是依据系统开发的总体规划来设置与体现的。

（3）模块是标准化的单元　标准化是一种以互换性原理为基础，以实现系统构成要素统一化和标准化为手段，并以提升系统动态适应性为目标的方法。模块所具有的标准化属性，使其在相关领域具有良好的通用价值。

（4）模块具有可组接系统的结构　模块应具备能够传递功能、形成系统的条件。系统中的模块借助自身所带有的共享界面，实现与其他模块的关系匹配。根据系统的不同属性，模块的连接结构可以是有形的，也可以是无形的。

针对同一个系统，从不同的应用角度出发，可以按不同的标准来组织系统内涉及的主要模块；明确系统的属性，对模块进行合理分类，对于系统的创建具有重要意义。而在产品系统中，模块的互换性是最重要的特征之一，具体包括模块功能的互换性和模块外形的互换性。因此在这一层面，通常可以将产品系统中的模块划分为功能模块、结构模块两种类型：

（1）功能模块　功能模块是指产品系统中具有相对独立的功能并具有功能互换性的功能部件，其性能和质量能满足通用互换性或者兼容性的要求。按照功能的特征体现，功能模块可细分为基本功能模块、辅助功能模块、扩充功能模块。对于由功能模块构成的系统而言，产品的变化可以由不同的功能组合而产生，同时每种功能模块也可以有多种性能规格的选择，从而使系统产生新的作用或延伸原有功能。

（2）结构模块　结构模块是指具有外形尺寸互换性的结构部件，其物理组接部分的几何参数满足某种标准，而能确保达到通用、互换或兼容的目的。对于由结构模块构成的系统而言，产品的多样性来源于单元的选择、单元的数量变化以及组合形式的变化,其结果通常表现为产品形态的变化。系统的模块种类一般不会很多,但单元数量的变化以及连接形式的改变,往往会给系统在形体分合的过程中带来无穷变化的可能,从而使用户的个性需求得到充分满足。

2.3.2 模块化的内涵

由于模块化涉及的范围甚广,并且伴随着社会的演进与文化的昌明,其内涵还在不断深化与丰富,因此与模块的概念一样,模块化至今未形成统一的定义。在模块化设计、制造体系中,模块化的产物既可以是利用模块化技术制造出的整合产品,也可是分散的、可供组合的模块部件。鉴于本书所介绍的研究以用户体验为导向,研究具有模块组合效用的产品,因此有必要从使用角度对开放组合式产品体系中的模块化理念进行更加具体的诠释:模块化是利用系统观点,将产品分解成若干个具有独特意义的可供用户自行组合、拆卸的单元,并让不同背景的用户根据个性化目标,对各种形态、功能的模块进行策略性组合的设计方法。模块化能够使产品系统的要素、结构(关系)、功能在变化调整中达到最优状态。由此可见,建构"以人为本"的产品模块化系统须从"物"(物理构成)与"事"(任务组合)的双重维度进行综合考量,以使设计的目标系统更具合理性。

根据以上定义,可以推导出在用户体验视角下的模块化系统所具有的基本特征:

(1) 目的性 模块化系统的目的和要求既是建立系统的根据,也是系统分析的出发点。在建立产品的模块化系统时,首要任务是确立系统要实现的总目标,以此来确定各个子系统的分目标,并为达成总目标而及时地调控系统结构。具有明确目标指向的模块化组合式系统应是一个含有明确架构的目标集合,进而有与之相应的任务体系。

(2) 层次性 理想的模块化系统是合乎科学逻辑的非常周密的系统,即系统中各功能之间应具有因果效应和依存关系。模块化系统可按其功能逻辑划分为多种层级结构。由于构建类玩具和使用者之间存在静态、动态的关系,因而对于此类产品系统的研究,可以从显性(产品外观界面)和隐性(操作程序结构)两个维度对相关因素进行分析、归纳,以确保产品系统中各单元功能目标的协调。

(3) 动态性 模块化系统是典型的动态系统。系统各要素间与系统和环境间存在物质、能量、信息的流动,因此模块化系统不是一成不变的。这其中包含历时性与共时性两种变化机制。历时性变化机制指的是随着使用需求、任务的线性升级，同一用户可以按照一定的逻辑关系对系统进行有序调整。共时性变化机制指的是系统在某一阶段具有可以形成多种组合关系的可能，不同用户需要依据各自的目标、意图来做出相应选择。

2.3.3 模块化系统的构建策略

模块化系统设计作为一种分配形式，它将产品的功能元素分配给产品的实体构建单元。这一过程与结果可以使设计任务更加清晰、设计方案更加合理。根据产品系统中"功能（产品运行情况）—结构（实现功能的组件）"的关系视角，模块化系统设计的具体内容包括：

（1）创造产品功能结构　任何系统都可能分解为若干子系统，每个子系统都可能具有相应的子功能。将子功能有目的、协调地组合成综合功能，就形成了功能结构。它反映的是用户对于一件产品功能的层次需求，是模块化系统设计的前提条件。

（2）功能分类集合　模块化系统设计的关键在于采取系统的方法定义有效的模块或功能分块。针对系统的子功能，按照关联性与一致性的原则做集合归类，得到功能分块，通过这些功能分块来建立产品模型。

（3）系统结构布局　系统结构布局是根据功能分类集合建立产品体系结构的层级关系，在此关系结构中下一级的子功能为上一级功能的实现提供了支持条件。

（4）确定模块交互关系并细化性能特征　基于产品结构的布局，从模块之间的交互关系出发，定义各个模块间的交互方式，进而确定模块界面的特征。一般来说，模块间存在四种类型的交互形式。

1）物质交互：固态、液态、气态的物质模块之间的传递关系。

2）能量交互：模块间各种形式的能量之间的传递关系。

3）信息交互：各种信号（触觉、声音、电子化的信号、视觉等）之间的传递关系。

4）空间交互：模块之间的几何尺寸、自由度、约束等空间关系。

（5）造型设计　从构建系统的角度，设计模块化系统的造型涉及分件模块的形态与模块整合方式两方面的问题。分件模块的形态按照系统的目标定位采取"零件标准化、外形可塑化"的思路来进行设计。模块的整合方式主要包含直接组合、间接组合两种类型。在模块直接组合体系中，又包含邻接式组合

(模块之间互不相交，仅通过表面直接接触形成新形态）与交叉式组合（模块之间有相交的位置关系，通过啮合方式形成新形态）两种连接形式。相应地，在进行模块连接界面的设计时，需要根据系统的目标以及系统中各要素的组织关系合理设置。

此外，在模块化系统的设计过程中，需要兼顾系统内部和外部。一方面，系统内部的构建会给社会、环境等方面的外部因素带来影响，或者对其他系统产生波及效果。另一方面，系统的外部因素也会对内部系统产生一定的干扰与制约。总之，外部环境是内部系统设计的依据，内部系统设计既要满足和适应外部环境的要求，而又会影响外部环境。

2.4 多种理论融合下的构建类玩具设计方法的研究规划

结合对上文各个理论的梳理，本书所介绍的研究以建立构建类玩具的"用户体验设计方法"为基础，将其与"用户体验设计""游戏化学习""模块化系统"相关的理论、方法进行融合，以此建立"构建类玩具用户体验设计方法的研究框架"（见图2-6)，该框架包括对构建类玩具各个体验维度上设计要素的提取、感官体验维度上设计要素的研究、操作体验维度上设计要素的研究、领悟体验维度上设计要素的研究、用户体验设计方法的建立五个方面。

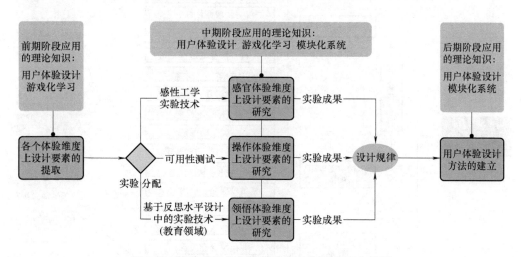

图 2-6 构建类玩具用户体验设计方法的研究框架

下面具体从研究前期、研究中期、研究后期三个阶段来对此框架进行描述：在设计方法研究的前期阶段，需要根据用户体验设计方法研究的基本思路以及游戏化学习理论,对构建类玩具用户在游戏化学习过程中情境感知、协同操作、动机产生与保持等方面进行系统、深入的调研分析。此外,为了获取更加全面、翔实的调研信息,可将与构建类玩具关系密切的教师、设计专家纳入调研范围内。对原始调研信息进行分析提炼,梳理出用户在构建类玩具感官体验、操作体验、领悟体验维度出现的典型问题,并根据这些问题的实质提取相关的设计要素作为解决问题的切入点,从而为研究构建类玩具各个体验维度上相关要素的设计规律确立方向。

在设计方法研究的中期阶段,需要根据用户体验设计方法研究的实施策略,对感官体验维度、操作体验维度、领悟体验维度上提取的设计要素进行实验研究。在此过程中需要运用与感性工学、可用性测试、反思水平设计相关的实验技术,以获得构建类玩具各个设计要素的特征变化与用户相关体验之间的影响关系。此外,可利用游戏化学习、模块化系统构建策略中的各项知识来指导实验设计、实验分析讨论,以此获得构建类玩具各个体验维度上相关要素的设计规律与设计建议。构建类玩具设计方法研究中期阶段的知识应用模型如图 2-7 所示。

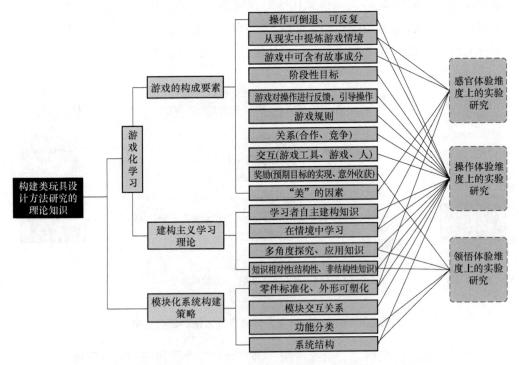

图 2-7　构建类玩具设计方法研究中期阶段的知识应用模型

在设计方法研究的后期阶段,为了能够给予构建类玩具设计工作系统、全面的支持,可参考模块化系统构建策略对各个体验维度上相关要素设计规律的应用时机进行合理设置,以形成更加符合模块化产品研发思路的用户体验设计方法。此外,还可以利用游戏化学习中的理论知识来合理设置构建类玩具感官体验、操作体验、领悟体验上的评价指标,从而建立适合游戏化学习环境的构建类玩具的设计评价体系。

2.5 本章小结

针对在构建类玩具的研究体系中,尚未明确如何围绕游戏化学习环境进行用户体验设计方法研究的问题,本章系统梳理与有效融合了与构建类玩具设计有关的用户体验设计、游戏化学习、模块化系统理论,为应用于游戏化学习领域的构建类玩具的设计方法研究工作提供总体规划。

本章主要内容如下:

1)阐述了用户体验设计的概念、内涵,明确了用户体验设计方法研究的基本思路以及技术策略,为以用户体验设计为基础的构建类玩具设计方法的研究提供了支持。

2)归纳了游戏的构成要素,结合建构主义学习理论,从"体验"的角度梳理了游戏化学习的重要理论,为构建类玩具设计要素提取阶段的调研分析以及相关设计建议的提出给予理论参考。

3)厘清了与本书所介绍的研究相关的模块化系统的理论脉络,重点介绍了模块化系统的构建策略,为在用户体验设计方法的建立过程中合理应用构建类玩具各个要素的设计规律提供了理论依据。

4)通过对用户体验设计、游戏化学习、模块化系统理论的综合应用,形成"构建类玩具用户体验设计方法的研究框架",为研究工作的开展提供总体规划与理论支持。

第 3 章 游戏化学习环境下构建类玩具设计要素的提取

为了深入推进构建类玩具设计方法的研究工作,在建立"构建类玩具用户体验设计方法的研究框架"之后,需要对各个体验维度上的设计要素及具体的研究目标予以进一步明确。然而,由于以往的研究中缺乏对于构建类玩具用户在游戏化学习环境中体验情况的详细调研,因此相关研究领域对应用于游戏化学习的构建类玩具设计要素及研究目标的定位都较为模糊,难以取得更多实质性成果来指导设计实践。针对上述问题,本章主要介绍如何通过调研分析提取出构建类玩具各个体验维度上的设计要素及相关研究目标。首先,利用 KJ 法对构建类玩具用户在游戏化学习中的体验情况,以及相关教师、专业设计人员的意见与建议进行归纳分析,寻找解决构建类玩具用户体验问题的切入点。其次,提取外观、连接方式与游戏架构、实用功能作为感官体验维度、操作体验维度、领悟体验维度的设计要素,并分析出各个维度上的重要研究目标,从而为进一步探讨构建类玩具各个体验维度上相关要素的设计规律确立了方向。

3.1 构建类玩具-用户系统的构成

3.1.1 构建类玩具用户的基本定义

由于构建类玩具在大多数课堂游戏化学习环境中,兼具教育工具、学习工具的功能,因此相关的用户人群既包括通过玩具的游戏化操作来获取知识的学习者,也包含在游戏化学习进程中为学习者提供引导、协助的人。这两类人均与构建类玩具发生直接的作用关系,都属于构建类玩具用户的范畴。为了对两者进行有效区分,将在游戏化学习环境中借助构建类玩具产生学习行为的人称作构建类玩具用户,而将为其提供活动支持的人(在课堂环境中一般为授课教师)称为协助人员。因此本书将游戏化学习环境中的构建类玩具用户定义为:以构建类玩具作为学习材料,通过有目的性地将玩具模块零件进行组合、堆积、排列来获得认知、情感体验的人。

3.1.2 构建类玩具-用户系统的建立

在游戏化学习环境中,构建类玩具用户、协助人员、构建类玩具共同形成了一个彼此促进又相互制约的系统,本书称其为"构建类玩具-用户系统"。根据该系统在游戏化学习中所反映的不同特质,可将其细分为游戏任务单元以及学习任务单元(由于教育和学习是相辅相成的关系,因此将教育和学习都归于学习任务单元进行研究)。图3-1是构建类玩具-用户系统的关系示意图,可以反映出多重任务背景下构建类玩具用户、构建类玩具、协助人员三者间的基本关系。

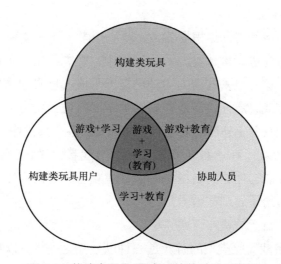

图3-1 构建类玩具-用户系统的关系示意图

在以游戏化学习体验为导向的构建类玩具-用户系统中,构建类玩具用户为重中之重,构建类玩具与协助人员作为辅助因素围绕此核心来组织、运行:构建类玩具用户在进行体验的过程中,为了充分获得游戏化学习的使用效果,在发挥自身能动性的同时,也需要在构建类玩具所创建的系统性学习平台上接受协助人员提供的服务,从而使相关游戏化学习任务能够顺利、高效完成。所以从用户体验的维度上讲,构建类玩具与协助人员都属于能够帮助用户实现游戏化学习体验目标的客观条件。

3.2 构建类玩具-用户系统的特性

构建类玩具-用户系统涉及构建类玩具用户、构建类玩具、协助人员三种要素，由于每种要素在游戏化学习活动的各个任务层次上均承担着相应的职能，因此它们都呈现出多元化的特性。为了全面了解构建类玩具-用户系统的基本特性，以下先对系统中的各个要素进行剖析，再对系统中的典型关系进行梳理，最终实现对构建类玩具-用户系统基本特性与内涵的准确把握。

3.2.1 构建类玩具用户的特性

游戏化学习活动具有游戏与学习的双重属性，构建类玩具-用户系统中的构建类玩具用户（以下简称用户）所执行的任务与游戏化学习密切相关，所以用户在体验过程中也担任着多重角色。

1. 游戏者的特征

用户具有游戏者的特征。根据著名儿童心理学家让·皮亚杰（Jean Piaget）的理论观点，儿童在进行构建类游戏的过程中，既需要感知运动性技能，又需要符号表征能力；这样自发的智力活动已接近于成人世界的造物工作，它可以被看作是练习类游戏、象征类游戏、规则类游戏特征的结合。因此，构建类游戏的游戏者相应地具备上述游戏者的行为与认知特性，具体如下：

（1）练习类游戏　在这种游戏模式中，游戏者依靠自身感觉与重复性行为，在一个没有强制与处罚的自由空间中，建立与巩固他们的认知结构。游戏者需要将游戏环境给予的刺激信号与自身反应形成联结，进而改变自身的外在行为，深化、丰富自己的认知疆域。

（2）象征类游戏　此类型的游戏是一种以认知为内核、以情感表达为目的的活动。游戏者需要通过象征的方式来表达某种意义，这反映了符号机能在游戏者脑中的出现与发展。对于游戏者而言，象征性游戏虽然与其所模仿的真实情境（对象）有显著不同，但游戏者需要有假想它们属于"真实"的能力，以便借助游戏平台获得超越游戏本身的认知体验。

（3）规则类游戏　这类游戏给予游戏者具体的任务安排，并具有明确的限制性条件来维持游戏的有序运转。在此过程中，游戏者要通过观察、推理、策略、合作、竞争等方式来实现自己的目标。对于游戏者而言，规则性游戏所体现出来的社会性行为的规范化反映了游戏者参与有规则的或由规则支配的社会关系的能力。

（4）构建类游戏　此类游戏作为练习类、象征类、规则类游戏的综合，既具有这些游戏的基因，也含有自身独有的品质。构建类游戏是使用可组合的游戏材料来构成或创造出某种有机的、有用的物体的活动。游戏中的游戏者需要通过动作的内化和动作之间的协调，使自己的认知能力、知识水平得到逐步提升。

2. 学习者的特征

构建类玩具用户具有学习者的特征。正如著名教育家约翰·杜威（John Dewey）所提倡的那样，学习者应从自身的经验与能力出发，来获得对知识的理解与应用。利用构建类玩具来"体验"知识的存在及价值的学习者，需要在与构建类玩具的接触中，通过过程体验与方法尝试来建立经验与知识的关联。将这种学习方式与建构主义学习理论相结合，可以从学习活动的各个环节入手，来探讨学习者应具有的特征：

（1）实践探究　以知识生成与发展为目标的学习活动是由相关问题引导的，需要学习者凭借自身的能动性在实践探究过程中积极发现需要掌握的新知识。此外，随着"求解"的不断深入，初始阶段的问题会被细化、延伸出更多的关联问题，从而促使学习者产生更多的认知需求，最终完成对个体知识的主动建构。

（2）合作交流　在知识建构过程中，学习者个体知识和技能的增长与集体知识、能力水平的提升有着密不可分的关系。每一位学习者针对相关问题所进行的认知探索活动都可以形成独立的个人见解，这些多元性的思想汇集在学习共同体所营造的知识空间中产生碰撞与交融。在此环节中，学习者的个人知识经验得以相互分享，进而可以通过集体的智慧与力量来完成对公共空间中知识对象的优化与改造。

（3）评价总结　在学习的各个阶段，学习者都需要对相关学习过程及结果中所反馈的各种情况进行实时监控与认知调节。这有助于学习者更好地管理自身的学习行为，进而促使他们能够对所面临的问题进行较为全面的思考并及时寻找解决问题的途径。

3.2.2　构建类玩具的特性

构建类玩具作为寓教于乐的典型工具，它在被使用的过程中，承载着教育、学习、游戏等多种功能。这使其除了具备游戏工具的特性之外，还含有教具与学具的特性。

（1）教具（Teaching Aids）的特性　教具可以说是一种进入教学过程的特殊形式的教材，它既是物化的、有形的工具，同时又是精神、文化、思想、理念、技能等一切非物质的载体。总体上，教具的特点包括科学性、教育性、趣味性、直观性、代表性、启发性、实用性、简易性、安全性、创新性。

1）科学性：教学者利用教具可以向学习者科学、准确地传达知识信息，还可以为学习者提供客观性实验数据。

2）教育性：帮助教学者讲清概念、规律，切中教学内容的重点与难点。

3）趣味性：激发学习者的学习兴趣、好奇心、求知欲。

4）直观性：通过操作演示等方式，将相关知识给予形象、生动的呈现。

5）代表性：具有典型性，让学习者易于辨识。

6）启发性：引发学习者产生联想，促进探究式学习的生成。

7）实用性：提高实验、实习、训练的教学质量，并且易于维护保养。

8）简易性：示意简明、重点突出。

9）安全性：材料安全、结构合理。

10）创新性：更有新意和针对性地解决教学中的问题。

由于教具的品种不同，它们所体现的特性也各有侧重（见表3-1）。

表3-1　不同类型的教具所体现的重要特性

序号	教具类型	重要特性
1	模型类	直观性、教育性
2	标本类	代表性、教育性
3	挂图类	简易性、启发性、教育性
4	科学实验类	科学性、启发性、安全性
5	操作训练类	实用性、安全性、趣味性
6	信息技术类	实用性、教育性
7	自制类	创新性、教育性、趣味性

（2）学具（Learning Materials）的特性　学具，就是指学习者在开展学习活动时可以直接操作的用具。由于它可以由学习者自己动手，直接触摸、摆弄，所以其运用不仅有利于学习者把学具所代表的客观事物的属性内化进自己的知识体系，而且也使学习者认识事物的内部心理过程得以较清晰地外化为操作的过程。这就便于相关教学人员发现学习者思维过程中的不同特点，对过程中暴露出来的问题予以及时指正。在学具运用中，高水平学习者可以较清晰地展示

自己的学习过程，这有利于其他学习者获得启发、借鉴。优秀的学具应具备以下特性：具有学科属性，内部架构合理，具有良好的信息反馈与评价机制，可以增强学习者的合作意识，有利于学习者主动探索知识的发生与发展，可以产出明确的学习成果，具有一定的情感价值与文化内涵。

（3）游戏工具（Game Materials）的特性 构建类玩具作为一种可支持游戏活动开展的装置，利用自身所具有的组合、分解机制，以及操作界面中的各种符号能指，可以构成具有游戏交互性质的模块系统。游戏工具的特性如下：

1）组构性：构建类玩具的模块单元在被组构的过程中，会伴随着组合、分解两种情况的发生。这种动态的构成关系是形成游戏的目标阶段性、玩法多样性、反馈及时性、操作可逆性、过程协作性的必要条件，也是构建类玩具的魅力所在。

2）符号性：游戏工具中的符号分为图像符号、指示符号和象征符号，它们主要体现在构建类玩具的物质材料、结构形态和技术功能等维度上。游戏者可以通过对构建类玩具界面中符号能指的认知与操作，提升游戏时的情感体验与信息交互的水平。

3）系统性：作为游戏的工具，构建类玩具在设计上既要符合外部物理层面（涉及模块的形态、规格、组接方式、功能配置等因素）的系统设计标准，又要满足内部游戏系统（如规则、玩法）的运行条件。因此，构建类玩具的设计过程中，需要从"物"系统与"事"系统两个方面进行综合考量，从而使构建类玩具的内、外部系统能够相互兼容，共同支持相关游戏活动的高效开展。

3.2.3 协助人员的特性

在构建类玩具-用户系统中，协助人员引导、帮助用户实现游戏化学习体验的目标。根据游戏化教学的相关理念，协助人员的具体任务是利用游戏媒介向用户传递知识（课程知识、游戏知识），促进集体智慧的汇聚，最终形成以知识建构与交流协作为基础的学习成果。在此过程中，协助人员主要承担着演示者、引导者、评价者的角色。各种角色的特性如下：

（1）演示者 协助人员通过必要的操作示范向用户介绍基础的操作方法与必要的知识背景。演示的目的是在吸引、鼓励用户参与体验的同时，为他们提供一定的操作参考与理论铺垫，最终使其能够借助这些资源，在与构建类玩具的互动中逐渐建构属于自己的知识。

（2）引导者 协助人员要结合用户的实际情况，进行有针对性、有层次性的引导，促使用户在掌握应知应会的结构性知识和基本操作技能的基础上，能够根据自身的情况围绕所发现的问题展开自主探究，以此获得更多高水平思维、实践的机会。此外，协助人员通过布置相关操作任务来引导、组织用户开展分工合作，从而培养用户理性思维的能力以及协同工作的精神。

（3）评价者　协助人员作为用户游戏化学习的重要评价者，从操作过程、结果两个角度对用户的知识掌握情况、实践水平、创新能力、合作意识等诸多方面进行多元价值判断，以此起到诊断操作问题、激发用户动机、调节协助策略的作用，最终促使用户朝向多元化方向发展。

3.2.4　系统整体特性

在构建类玩具-用户系统中，系统的整体特性会根据各个使用阶段任务重心的不同，而产生相应调整：用户处于以娱乐体验为主导的阶段时，通常通过构建类玩具的游戏价值来满足自己对于娱乐的需求；用户处于以学习为重心的体验过程时，一般利用构建类玩具的教学功能来实现自己的学习目标。由此可见，在构建类玩具-用户系统中，游戏任务单元与学习任务单元之间既相对独立又彼此关联，两者共同构筑了"玩中有学、学中有玩"的复合关系系统。以下对构建类玩具-用户系统所含有的游戏任务单元、学习任务单元的主要特性进行归纳：

（1）游戏任务单元的主要特性　游戏任务单元由用户、构建类玩具、协助人员组成。用户具有游戏者的属性，能够以独立或共同参与的形式执行练习类、象征类、规则类、构建类游戏任务。构建类玩具作为具有游戏功能的模块系统，为用户提供系统性交互娱乐体验。协助人员通过演示、引导、评价的方式，帮助用户顺利掌握基本玩法、规则，进而实现个性化操作的目标。

（2）学习任务单元的主要特性　学习任务单元由用户、构建类玩具、协助人员组成。用户具有学习者的属性，可以针对相关知识，进行实践探究、合作交流、评价总结，进而构建自己的知识体系。构建类玩具作为具有教育、学习功能的工具，有助于教学互动的双方（协助人员、用户）获得益处。协助人员借助构建类玩具来贯彻相关教学理念，传授课程知识，推动用户素质能力的提升。

3.3　基于游戏化学习环境的构建类玩具使用情况研究

为了实际了解目前构建类玩具用户在游戏化学习环境中的现状，增强对相关用户群体游戏化学习实践的认识，本书所介绍的研究分别利用观察法、问卷法来获取构建类玩具-用户系统执行游戏化学习任务时的典型流程以及相关问题与意见，在此基础上利用 KJ 法（亲和图法）对所收集的信息进行组织整理，从而提炼出问题的实质与解决问题的脉络。

3.3.1 构建类玩具用户执行游戏化学习任务的流程调查

本次利用观察法进行调研，选取的是一所以培养学生创新实践能力为办学特色的公立小学（以下简称 S 小学）以及一所以 STEAM 教学为主的校外儿童兴趣培训机构（以下简称 Q 培训机构）。表 3-2 为两所机构利用构建类玩具开展游戏化教学的课程设置情况。

表 3-2　利用构建类玩具开展游戏化教学的课程设置情况

课程开设机构	课程内容	授课对象	开展形式
S 公立小学	趣味科学	7 岁、8 岁儿童	结合科学类课程
S 公立小学	数学一起搭	7 岁、8 岁儿童	结合数学课程
Q 培训机构	玩中学 STEAM 课程	7 岁、8 岁儿童	结合多学科课程
S 公立小学	故事游戏	9 岁、10 岁儿童	结合语文课程
S 公立小学	机器人课程	11 岁、12 岁儿童	结合信息技术课程
Q 培训机构	建筑/设计创意课	7~12 岁儿童	结合多学科课程
S 公立小学	儿童编程＋电子技术课程	9~12 岁儿童	结合信息技术、科学课程
S 公立小学	动力机械课程	9~12 岁儿童	结合科学类课程
S 公立小学	"像工程师一样思考"主题实践课程	9~12 岁儿童	结合多学科课程
Q 培训机构	3D 打印创客课程	9~12 岁儿童	结合多学科课程
Q 培训机构	动漫类创意实践课	9~12 岁儿童	结合美术课程

虽然这些课程的游戏化学习内容各不相同，但都具有共性：用户需要按照一定的流程规范来执行相关任务（见图 3-2），从而实现游戏化学习体验的目标。

首先，构建类玩具用户需要观摩协助人员（教师）的基本演示，获得对课程知识、玩具操作方法、游戏规则等应知应会内容的了解。构建类玩具用户还通过获取玩具外观界面所传达的感性信息，来感知游戏化学习的任务情境。

其次，构建类玩具用户需要借助观察与记忆，以相关演示内容为参照进行模仿操作。用户在使用玩具模块进行拼接的过程中，独立的单元部件使得他们需要通过局部、整体多种观察分析的方式来加深对物体结构、功能的感知和理

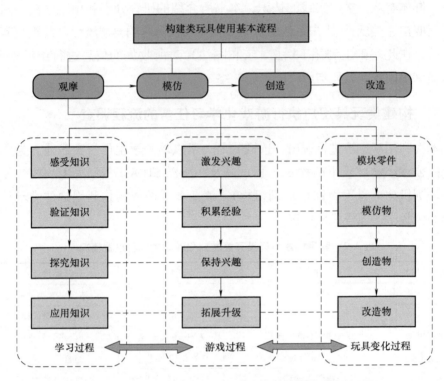

图 3-2　使用构建类玩具进行游戏化学习的基本流程关系图

解,同时也验证了自身对相关知识的理解的准确性。此外,在这一操作环节中,用户所表现的"模仿",并非受到模仿对象的被动性"牵制",在许多情况下,他们会尝试性地对自己的模仿作品进行局部性变动。这种"借题发挥"的行为可以被看作是用户为进阶更高一级的"创造"阶段所进行的"预热"。

再次,构建类玩具用户在充分掌握玩具模块的功能、关系以及相关课程的知识的基础上,面对游戏化学习活动中新出现的复杂问题,需要在构建类玩具所提供的模块化系统平台上,通过相互协作的方式共同探索解决问题的路径。由于儿童用户很少受到"程式化思维"的羁绊,他们的"创造"往往都是原创性的。这一过程是用户获得游戏化学习"巅峰体验"的关键,好的"创造"过程会让用户保持一种探究不辍、乐此不疲的游戏化学习状态。

最后,当构建类玩具用户在"创造性"思路和对事物的判断标准方面逐渐完善时,他们便会对之前所制作的构建类玩具作品进行重新评估和审视,进而出现一种被"完善""拓展"及"再设计"意识支配的"改造"行为。随着用户所创造的构建类玩具作品的不断优化升级,用户也获得了进一步应用知识、技能，实现知识迁移的机会。

3.3.2 基于观察法的构建类玩具用户使用情况调查

调研团队在4个月的时间内，先后在S公立小学和Q培训机构，针对7~12岁用户的构建类玩具课程进行了80多次实地调研。在此基础上，调研团队将所记录的原始资料进行分类整合，从中提取出15条与游戏化学习、构建类玩具用户体验相关的代表性信息（见表3-3），这些信息可以集中反映出目前构建类玩具用户在游戏化学习过程中面临的实际问题。

表3-3 构建类玩具用户使用情况调查表

编号	观察阶段	基本情况
01	观摩	当玩具分配给某用户时，用户未表现出感兴趣的行为，如主动触摸、把玩构建类玩具，而是进行和游戏化学习无关的活动
02	观摩	当知道需要以合作的方式完成某些制作项目后，一些小组的成员之间没有开展交流或交流次数有限
03	观摩	某用户向身边人反映构建类玩具与课程知识中所涉及的真实事物、情境关联不够
04	模仿	在拼装过程中，某用户的作品被无意触碰，致使作品从高处跌落、散落一地，作品被破坏，任务被迫中止
05	模仿	某用户选择了错误模块进行组合，当拼装进程过半时才发现必须"返工"，致使其有烦躁的表现
06	模仿	某用户虽然观摩了演示，但在独自组装构建类玩具模块时，仍需要多次询问身边人下一步操作目标
07	模仿	某用户完成拼装任务后，尝试着去发现一些新玩法，但未成功，随即停止了对玩具的继续操作
08	模仿	某些用户的合作行为较混乱，甚至发生严重争执，合作被迫暂停
09	模仿	当协助人员结合玩具操作内容向用户问询有关课程知识时（此知识在观摩演示阶段向用户介绍过），某用户表示不清楚
10	创造	某用户在尝试几次以后，未能完成创造任务，中途放弃
11	创造	某些用户创造的作品在形式和功能上较为相似，个性不突出
12	创造	某些用户在完成合作后，发现完成品和之前计划好的在最终效果上有较大差距
13	改造	某用户在对作品进行改造时，发现先前作品中的一些部件不易拆卸，中途放弃

(续)

编号	观察阶段	基本情况
14	改造	某用户向协助人员询问通过玩具操作所了解、掌握的知识技能在现实生活中有什么作用（用户对存在于玩具操作中的知识的"现实价值"表现出疑惑）
15	改造	某用户尝试将构建类玩具的功能应用拓展到日常生活当中。由于玩具界面并不支持与外部环境的有效对接，因此用户对相关玩具的改造计划并未实现

由于观察法所关注的内容是用户的外在行为表现，而上述一些问题的产生原因并不能被直观发现，因此需要对当事者（产生以上问题的用户）采用跟进式的言语问询方式来探明究竟。以下是相关用户对当时所发生行为的解释：

（1）针对编号01情况的调查结果　调研人员指着用户曾经接触过的构建类玩具询问他们："当你刚拿到这个玩具时，想要玩它吗？为什么？"相关用户均表示没有兴趣，并且他们所提供的理由可以集中反映出相关玩具的外观界面（如形态、色彩、材料）与这些用户的认知经验不相符，特别是其中一些小学中、低年级的用户表示，看到相关构建类玩具时的第一感觉为"这不是玩具"或"看上去不好玩"。由此可见，构建类玩具的外观因素是影响用户产生使用动机的前提，外观对于儿童用户而言，应易于辨识、符合其情感需求且可以传达出一定程度的游戏意味。

（2）针对编号02情况的调查结果　调研人员询问相关用户："玩这个玩具需要大家一起来做一个东西。有些同学喜欢一起来做，有些同学不喜欢。你喜不喜欢？为什么？"相关用户给出了不喜欢合作的理由：一部分用户认为构建类玩具部件较繁杂，区分不容易，不方便进行明确分工，例如有人说"这些玩具（模块零件）好乱，大家怎么一起玩"；另一部分用户反映合作小组中的几位同伴都倾向于做同一件他们认为"有意义"的任务，造成其他任务没有人愿意承担。因此，为了有利于用户树立协作意识，构建类玩具首先在形式上要注重层次感、秩序感的构造，其次在玩具系统各部分的功能配置上需要考虑到保持一种"均衡"的状态，以利于更加合理分工。

（3）针对编号06情况的调查结果　调研人员询问相关用户："当完成一次拼装操作后，接下来可能会遇到什么困难？"相关用户表示他们在拼装过程中，不确定自己是否一直在正确的路径上进行操作。由于在玩具界面上难以获得相关的操作"指引"，因此用户在拼装过程中经常陷入迷茫。正如一位上小学高年级的用户所描述的那样："这些零件可以这样组合，也可以那样组合。感觉玩这个玩具时，像落入了一个迷宫，没有地图（线索），想要实现目标真的很难。"

因此，构建类玩具可以借助造型或其他符号上的表达，以直接或间接的方式将必要的操作信息传递给用户，以使他们坚定信心，追求成功。

（4）针对编号10情况的调查结果　调研人员询问相关用户："为什么在尝试几次后，选择放弃创造一件作品？"相关用户表示玩具留给用户进行探索的余地非常有限，用户探索新的拼装可能、搭建个性化作品的渴望被玩具的封闭式设置所限制。例如某一用户表示"这个玩具能拼成的东西不多……而且只有几种玩法，不太好玩"。由此可见，构建类玩具在设计上需要重视给用户预留充足的创作空间，让他们可以自由地探索与创新。

此外，鉴于目前的构建类玩具存在"游戏""学习""实用"三种功能，这些功能与儿童用户的体验满意度之间有着密切的联系。为了具体了解构建类玩具各种功能与儿童用户满意度之间的关系，在观察实验以及相关问询工作结束之后，研究人员让被调研的对象在教师的引导帮助下，完成了一项连线题测试，其内容如图3-3所示。

- 请将玩具的功能和它下方的属性用线一一对应地连接起来。

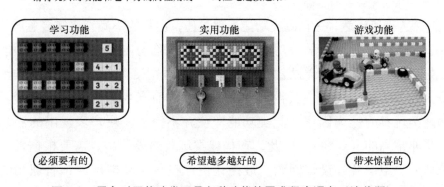

图3-3　用户对于构建类玩具各种功能的需求程度调查（连线题）

研究人员通过对回收得到的有效问卷进行分析发现，绝大多数儿童用户认为构建类玩具的游戏功能是必需（"必须要有的"）的品质，学习功能属于期望（"希望越多越好的"）的品质，实用功能则归于诱人（"带来惊喜的"）的品质。将此结果用在被业内广泛认可的客户满意度模型（Kano Model）中来加以解释，见图3-4。

在此模型中，纵轴表示用户满意度的高低，横轴表示玩具品质表现的优劣程度。模型中有A、B、C三条线，其中B线表示$Y = X$。A线位于B线之下，代表用户的满意度一直在0以下。C线在B线的上方，表示用户的满意度一直位于0以上。通过这个模型可以了解到，构建类玩具的游戏功能的实现往往会

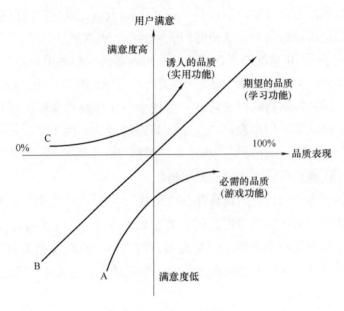

图 3-4　客户满意度模型图

被用户视为理所当然,一旦此类功能表现欠佳,用户的不满意情绪会急剧增加（A 线）。构建类玩具的学习功能是用户期望体验的内容,如果此类功能表现良好,用户的满意度会显著提升（B 线）。构建类玩具的实用功能作为一种诱人的品质,会让用户获得意外的惊喜,进而产生愉悦的情感体验。作为构建类玩具的魅力因素,此类功能即使并不完善,用户表现出的满意状况也是非常高的（C 线）。因此,在构建类玩具的设计中,需要根据以上关系来协调、组织各种设计因素,最终让用户在各个功能层面都有理想的体验与收获。

3.3.3　基于问卷法的构建类玩具教学现状调查

　　为了了解构建类玩具-用户系统中相关协助人员（教师）对构建类玩具应用于游戏化教学的意见,也为了给相关设计策略和方法的构建提供第一手参考资料,调研人员在此前对于游戏化学习、用户体验设计的理论研究成果以及对相关教育培训机构实际调研的基础上,自拟了"关于构建类玩具的调查问卷"（见附录 A）,对成都市部分学校、机构进行了一次有关构建类玩具教学情况的调查研究。

　　调查问卷采取随机抽样的方法,发放给成都市各级各类小学、教育机构、师范类专业院校有相关任教经历的人员,请其匿名填写。本次调研共投放问卷240份,回收有效调查问卷206份。在填写有效调查问卷的206人中:从身份看,小学教师有105人(占51.0%),兴趣培训机构的教师有70人(占34.0%),教育专业有过相关实习经历的大学生有31人(占15.0%);从承担构建类玩具教学工作的时间上看,不到3年的为33人(占16.0%),3~5年的为50人(占24.3%),6~10年的为83人(占40.3%),10年以上的为40人(占19.4%);授课对象的年龄分布集中在7~12岁,其中面向7~9岁儿童授课的教师为73人(占35.4%),面向10~12岁儿童授课的教师为41人(占19.9%),面向7~12岁儿童授课的教师为92人(占44.7%)。

(1) 教师对构建类玩具价值的认识　从表3-4可见,教师对构建类玩具在游戏化教学中的重要性给予了充分肯定。没有教师质疑或否定构建类玩具的重要性,并且大部分教师(83.5%)认为构建类玩具在游戏化教学活动中占有举足轻重的地位。

调查还发现,教师认为构建类玩具对学生发展的作用首先体现在提高知识水平方面,其余按照作用大小依次为:想象力与创造力、社会化、智力、感知运动技能、艺术审美、情绪情感。教师教授的课程以科技、美术、综合类课程居多,而且最期望在与传统文化有关的游戏化课程教学中加大对构建类玩具材料的投放。

表3-4　教师对构建类玩具重要性的评价

重要程度	重要	一般	不太重要
教师数量(名)和比例	172(83.5%)	34(16.5%)	0

(2) 构建类玩具与知识的关系　从表3-5可见,大部分教师(73.3%)选择将"学生对于知识的实践应用"作为构建类玩具的功能目标,其包含学以致用和活学活用两个层次的内容:学以致用是指有助于学生及时了解知识的价值,加深其对知识的理解;活学活用则是指使学生从多个角度理解与应用知识,深化其对知识的理解,帮助其实现知识迁移。此外,调查还发现,36.5%的教师认为目前接触的构建类玩具与所教授的课程知识"关系紧密",而63.5%的教师认为关系"一般"或"不紧密"。而且,在构建类玩具呈现相关课程知识内容方面,43.2%的教师认为构建类玩具在设计上应该"突出知识重点",38.8%的教师认为"知识呈现的条理性"

应该引起重视。面对这种情况，大部分教师（76.2%）支持构建类玩具在游戏化教学过程中，较适合以"循序渐进"的方式来展现与课程相关的知识。

表 3-5　学生利用构建类玩具掌握知识的目标设定

学生掌握知识的程度	教师数量（名）和比例
活学活用	83（40.3%）
理解内容	21（10.2%）
学以致用	68（33%）
了解应用	34（16.5%）

（3）构建类玩具使用体验的重点　由表 3-6 和图 3-5 可知，关于学生利用构建类玩具进行游戏化学习的体验，有 128 名（62.1%）教师认为游戏体验是感官体验阶段的重点，139 名（67.5%）教师觉得操作体验阶段的重点应为游戏+学习的综合体验，而选择将学习体验作为领悟阶段重要内容的教师人数为 148（71.8%）。此外，有 154 名教师（74.8%）认为学生主要会从外观层面来获得感官体验，有 131 名教师（63.6%）和 146 名教师（70.9%）认为构建类玩具的外部连接方式和内部系统架构是操作体验的核心，另有 132 名教师（64.1%）认为获得领悟体验的主要来源是用户对于构建类玩具功能价值的深刻了解（见图 3-6）。

表 3-6　针对构建类玩具各体验维度的重点规划

体验维度	认可以游戏为重点的教师数量（名）	认可以学习为重点的教师数量（名）	认可以游戏+学习为重点的教师数量（名）
感官体验	128	25	53
操作体验	34	33	139
领悟体验	44	148	14

（4）构建类玩具的感官体验情况　从表 3-7 可见，在构建类玩具激发学生产生使用动机的主导性因素判断中，40.3% 的教师认为构建类玩具是否具有讨人喜欢的因素是激发学生产生使用动机的主因，37.4% 的教师则认为构建类玩具所承载的与知识内容相关的成分是吸引学生主动对其接触的关键因素。由此可以判断兼具讨人喜欢的因素、与知识内容相关联的表现形式是构建类玩具激

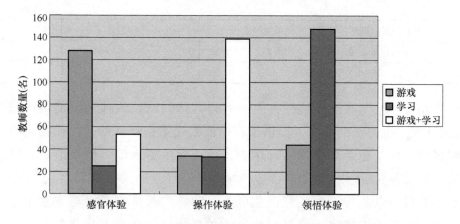

图 3-5　教师对于各体验维度上游戏化学习重点的认可情况

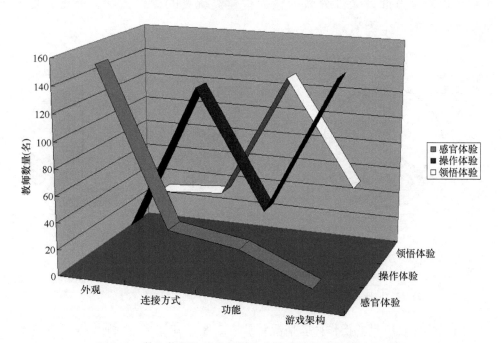

图 3-6　学生获得构建类玩具各个维度使用体验的途径选择

发学生形成使用动机的主要条件。

表 3-7　构建类玩具激发学生产生使用动机的主导性因素判断

构建类玩具激发学生产生使用动机的因素	教师数量（名）和比例
具有让人印象深刻的因素	16（7.8%）
具有讨人喜欢的因素	83（40.3%）

(续)

构建类玩具激发学生产生使用动机的因素	教师数量（名）和比例
具有与所学知识内容相关的因素	77（37.4%）
具有引发好奇的因素	30（14.5%）

此外，针对与感官体验相关的一系列具体问题，教师们所反馈的结果（见图3-7）也为研究的深入提供了有价值的线索：95%的教师根据自身的教学经验，认为在游戏化学习环境中，能让学生感兴趣的玩具形式需要拥有典型的玩具特征（玩具的特征要与学生既有经验图式相匹配）、能够呈现某种游戏风格以及与课程主题产生联系。58%的教师将是否与课程主题产生联系视为判断构建类玩具材料价值的关键指标。在有关构建类玩具作用于情境化教学方面，大部分教师认为构建类玩具的操作方法、外观、功能是最为重要的三个因素。

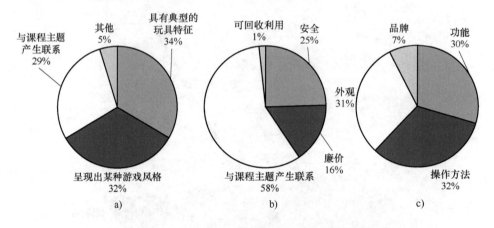

图3-7 教师对于构建类玩具作用于游戏化学习的看法
a）受欢迎形式的特征　b）材料的重要价值　c）形成情境化教学的条件

（5）构建类玩具的操作体验情况　从表3-8可知，多数教师倾向于将为开放型任务提供自由创作空间以及为封闭型任务提供明确操作线索作为构建类玩具操作平台的架构目标。在此情况下，有67%的教师认为学生对于与自己的使用经验、知识背景有联系的构建类玩具的操作掌握得最快捷。98%的教师支持构建类玩具在操作过程中需要及时反馈的观点，其中大多数人给出的理由是：一，构建类玩具的及时反馈可以让学生实时知道操作是对还是错，可以及时调整策略；二，可以让教师及时了解每个学生的情况，便于因材施教；三，通过及时反馈所获得的正向信息可以激励学生更好地完成任务。

表 3-8　构建类玩具操作平台的架构目标选择

操作平台的架构目标	教师数量（名）和比例
为开放型任务提供明确操作指引	42（20.4%）
为开放型任务提供自由创作空间	198（96.1%）
为封闭型任务提供自由创作空间	63（30.6%）
为封闭型任务提供明确操作线索	183（88.8%）

注：此题多选。

从图 3-8 可知，调查还发现，58% 的教师认为游戏对于探究式学习最大的帮助是游戏可以引导学生发现问题，进而产生探究行为。这与 Daniel Ellis Berlyne 提出的"游戏觉醒—寻求"理论（此理论认为游戏的作用在于寻求刺激，而当刺激超出已有经验时，就会引发探究行为的产生）相吻合。80% 的教师认为学生操作构建类玩具所取得的阶段性成果以及最终成果是他们获得成就感的主要来源。91% 的教师相信，游戏化学习过程中有新的发现或收获可以让学生在操作过程中时刻保持主动。此外，在学生利用构建类玩具执行协作任务的过程中，大部分教师认同"任务之间既保持独立，又有联系""分工协作不能影响个体对于知识的完整获取""任务分配需合理"。

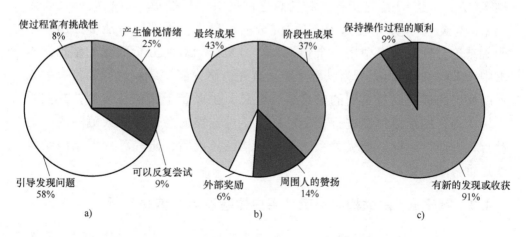

图 3-8　教师对于游戏化学习中"游戏"作用的看法
a）游戏对于学习探究的价值　b）用户获得成就感的因素　c）保持操作动机的条件

（6）构建类玩具的领悟体验情况　从表3-9可知，大部分教师支持构建类玩具设置一定的实用功能，他们给出的理由主要集中在与学习领悟相关的几个方面：一，可以加强学生对于知识的理解与记忆；二，有助于学生了解相关知识对于现实生活的价值与意义；三，有利于引发学生的知识迁移。

表3-9　构建类玩具实用功能的设置意见

教师对构建类玩具实用功能设置的看法	教师数量（名）和比例
有必要	158（76.7%）
没必要	48（23.3%）

3.4　构建类玩具设计要素的提取与分析

3.4.1　研究方法

KJ法是一种直观的定性分析方法，是由日本川喜田二郎（Kawakita Jiro）教授开发的。这一方法可以从错综复杂的现象中，用一定的方式来整理思路、抓住思想实质、梳理出解决问题新途径。KJ法可以分为A类KJ法和B类KJ法。A类KJ法是指将各种信息之间的关系用图形（结构模型）表示出来。B类KJ法是指在A类KJ法完成的基础上，需要或者能够提出一个明确结论时将结构模型用一个句子表达出来作为对所分析问题的结论。本书中将KJ法的应用概括为以下步骤。首先，研究者围绕特定问题将有关人员所反映的情况或搜集到的信息进行汇总，生成若干张信息卡片，并按照卡片中内容的相似程度进行归类。其次，对各类信息进行更大范围的归组整合，进而得到具有层级关系的系统结构图。最后，研究者根据系统结构图进行客观总结。

3.4.2　基于KJ法的构建类玩具用户体验设计的信息分析

（1）制作卡片　在对相关人员进行行为观察、言语问询、问卷调查所得到的信息资料的基础上，结合两名资深玩具设计师、三名产品设计专业高校教师所提供的设计建议，初步整理后形成34张卡片（见表3-10）。

表 3-10　构建类玩具用户体验设计的卡片信息

编号	内容	编号	内容	编号	内容
1	玩具外观未能获得用户认可，辨识效果不佳	13	游戏任务的难易度设置不够合理	26	确定与学习主题情境相关的外观元素并了解其作用规律
2	游戏任务架构给予用户操作引导的支持较少	14	玩具外观与游戏风格、知识主题的意象关联不强	27	打造"玩以致学，学以致用"的操作平台
3	使用构建类玩具的动机欠缺	15	了解用户对于各种游戏架构形式作用效果的满意程度	28	玩具操作自由度受限
4	寻找可以和用户经验相匹配、易于辨识的外观元素，以作为外观设计参考	16	未能从游戏操作中体会到知识	29	了解各种模块连接方式在组合结构稳固性方面的表现优劣
5	为用户营造适宜的游戏化学习情境	17	操作未完成或效率偏低	30	用户对游戏中"知识"认识程度不够，对这些知识的认识往往只停留在游戏层面
6	游戏中维持用户动机、增强成就感的任务设置较少	18	了解不同模块连接方式对于模块自由组合的影响		
7	使用户产生体验动机	19	模块组合时，无法及时反馈相关的操作信息	31	为玩具实用功能找到适宜的设计表达方式
8	难以产生相应的游戏化学习情境	20	了解各种模块连接方式在拼装信息反馈方面的表现优劣		
9	了解各种游戏架构形式对用户完成游戏化学习任务的支持水平	21	使玩具具有实用功能	32	了解各种模块连接方式在组合、拆解便捷性方面的表现优劣
10	了解不同游戏架构形式对于用户掌握知识效率的影响	22	实现循序渐进的游戏化学习目标，并创造一定的协作机会		
11	操作性能表现良好	23	协作效果欠佳	33	通过游戏过程中知识的迁移，来加强学习领悟
12	玩具功能所反映的"知识"内容只存在于游戏当中，未能与现实生活接轨	24	玩具模块连接不稳固	34	获得可以呈现游戏风格的外观设计元素及其作用特征
		25	拆装模块不方便		

（2）分类　根据已有的相关文献的研究结果和表 3-10 所列出的 34 张卡片的信息，首先梳理出用户利用构建类玩具进行游戏化学习体验效果不理想的原因，只有确定问题的根源，才能提出科学、合理的应对策略。构建类玩具在游戏化学习环境中体验效果受影响的过程分析如图 3-9 所示。

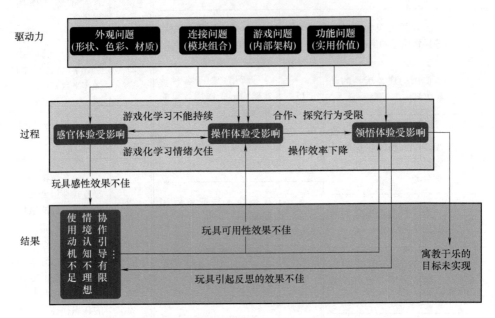

图 3-9　构建类玩具在游戏化学习环境中体验效果受影响的过程分析

（3）建立拓扑结构模型　根据以上分析的结果，将 34 张卡片划分为影响感官体验的因素、影响操作体验的因素、影响领悟体验的因素、构建类玩具使用中的用户表现、构建类玩具的设计策略、设计方向与目标六个部分，其中构建类玩具的设计策略又进一步细分，最终按照 34 张卡片之间的拓扑结构建立构建类玩具用户体验设计的信息结构模型，见图 3-10。

3.4.3　基于多维度体验的构建类玩具设计要素的提取

从以上"构建类玩具用户体验设计的信息结构模型"中能够发现，目前构建类玩具游戏化学习体验的主要问题出现在感官体验维度、操作体验维度、领悟体验维度。在掌握产生这些问题的驱动力因素的基础上，将这些驱动力因素作为不同体验维度上的"设计要素"（研究对象）加以提取，并且以该信息结构模型中所提供的"设计策略""方向与目标"等相关内容为线索，对各个"设计要素"的"研究目标"予以系统定位，如图 3-11 所示。

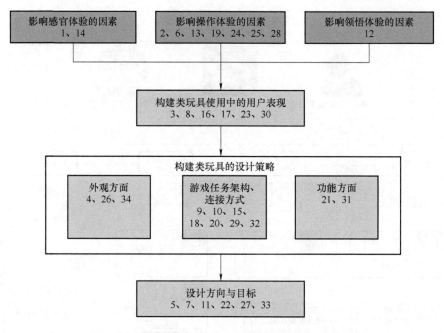

图 3-10　构建类玩具用户体验设计的信息结构模型

（1）感官体验维度的设计要素——外观　外观是用户形成产品"第一印象"的关键。为了让用户获得良好的感官体验，也为了使游戏化学习任务有一个良好的"开端"，需要深入研究具有较高辨识度的外观的元素、能够凸显不同游戏风格的外观的元素及其作用规律、可以体现各种与学习主题情境相关的外观元素并了解其作用特征。在玩具的外观设计方面，既要充分激发用户的使用动机，又要让他们切实感受到与课程主题相关的学习情境。

（2）操作体验维度的设计要素——游戏架构形式与模块连接方式　操作体验主要涉及利用玩具执行游戏化学习任务的组织架构形式以及玩具模块之间的连接方式两个方面的内容。为了让用户拥有良好的"可用性"操作体验，一方面需要对各种游戏架构形式在用户完成任务的支持水平、用户掌握知识效率、作用效果的满意程度上进行优劣比较，另一方面需要就各种主流构建类玩具的模块连接方式在拼装信息反馈、组合结构稳固性、拆装便捷性、自由组合的支持效果等方面进行比较。构建类玩具的游戏架构形式与模块连接方式既能有利于用户实现循序渐进的游戏化学习目标，又能促其拥有高效的操作体验。

（3）领悟体验维度的设计要素——实用功能　构建类玩具"实用功能"的配置不仅可以提升玩具的实用价值，而且可以拓展用户在游戏中所学知识技能

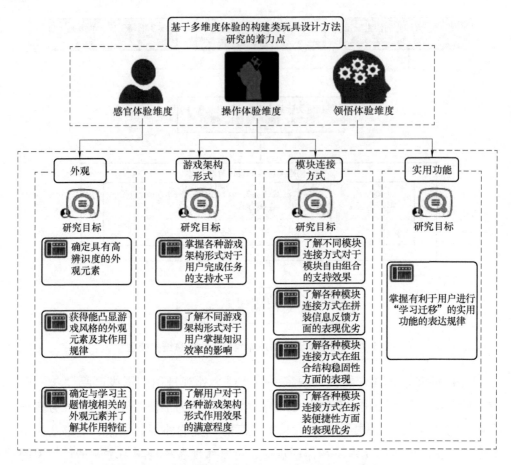

图 3-11　构建类玩具设计要素与研究目标的关系框架

的应用场域,为游戏化学习"领悟"体验的产生创造良机。为了让构建类玩具的实用功能发挥应有的作用,需要围绕有利于"学习迁移"的实用功能的表达规律进行深入研究。构建类玩具的实用功能应该可以有效支持"玩以致学,学以致用"的游戏化学习平台的建立。

以上所提取的构建类玩具各个体验维度上的设计要素及其研究目标可以为后续实验研究工作提供明确方向。

3.5　本章小结

针对构建类玩具各个体验维度上的设计要素及研究目标尚不明确的问题,本章介绍了如何通过调研分析的方法,提取出构建类玩具各个体验维度上的设计要素及研究目标。

主要内容如下：

1）根据用户在游戏化学习环境中使用构建类玩具的特性，建立由构建类玩具、构建类玩具用户和协助人员三方构成的"构建类玩具-用户"系统。

2）根据"构建类玩具-用户"系统在实际的游戏化学习环境中的具体表现，结合专业人士所提出的设计建议，运用 KJ 法对相关调研信息进行梳理，以此获得在设计策略层面解决用户体验问题的整体逻辑框架与相应的切入点，从而建立"构建类玩具用户体验设计的信息结构模型"。

3）从"构建类玩具用户体验设计的信息结构模型"中提取"外观""游戏架构形式与模块连接方式""实用功能"作为用户感官体验维度、操作体验维度、领悟体验维度上的设计要素，并系统分析出各个维度上的重要研究目标，以此为后续实验研究工作确立方向。

Chapter 4
第 4 章 基于感官体验的构建类玩具外观的特征研究

在感官体验中,用户借助感觉器官对构建类玩具外观所承载的各类感性符号进行由浅入深的"识读",从而产生与游戏化学习相关的认知与情感反应。因此,系统掌握构建类玩具外观上的特征变化对用户感官体验的影响规律,可以为构建类玩具的外观设计提供重要参考。然而,目前相关领域对此方面的研究较少,部分构建类玩具的外观辨识度偏低,用户难以在外观与游戏风格、学习情境之间产生意象上的联系。针对上述问题,本章围绕构建类玩具外观上的要素进行了系统研究并得到相应的设计规律,以支持构建类玩具的外观设计实践。首先,采用专家评估法明确了构建类玩具外观要素中的"形态""色彩""材料"对辨识构建类玩具、体会游戏风格、感知学习情境这三种感官体验的关键影响。其次,通过形态辨识实验、色彩定位实验、材料选择实验对具体的影响关系进行深入研究,得到与用户的认知和情感高度匹配的构建类玩具模块的形态设计原型,拥有不同游戏风格的构建类玩具的色彩适用范围,确定主流的构建类玩具材料与常规主题的学习情境之间的适配关系。

4.1 感官体验下的产品外观设计

4.1.1 用户感知产品外观的过程

用户对产品外观的感知是一种自发、自动的过程,它可划分为三个主要阶段:信息采集、知觉组织和语意辨识。信息采集是用户将所搜索到的产品外部信息转化为大脑能识别的神经编码，它提供了知觉的基本材料。知觉组织是对认知对象进行内部表征的过程，它将主体的过去经验、知识与感觉输入材料整合在一起，形成可供主体辨识的知觉。最后一个阶段是语意辨识，在此阶段中用户根据自身的经验、知识、动机和背景等赋予知觉以意义。

（1）信息采集　人的注意力是有限的，人需要对外界环境中纷繁的刺激信息进行有选择性的过滤，最终只有部分感觉信息被采集输入意识之中。因此在产品设计领域，使产品外观对目标用户形成强烈吸引的方法为：提供产品使用价值的有效信息，迎合主流用户群体的审美取向，提供趣味信息，利用人的感知特性（如在注意效果上，大面积的物体比小面积的物体更能引起注意，动态的物体比静态的物体更能引起关注等）。通过这些方法可以最大限度地保证产品外观的重要信息被用户读取。

（2）知觉组织　知觉组织是用户将感觉信息组织到一起，使其能形成连续知觉的过程，它包含的一般规律是：①简化。人们在知觉上会有一种将任何刺激以尽可能简单的结构组织起来的倾向，使人感觉简洁、有规则的形式有利于人更有效、更快速地收集信息，减轻信息加工的负荷，从而使人感觉轻松愉悦。②图底关系。"图"是位于前部的区域，"底"被看成是用来衬托图的背景。在产品设计的某些情况下，需要明确区分图与底，其目的是明确传递信息和意义。在设计中也可以对图与底的关系进行模糊处理，以产生一种朦胧、闪烁的效果。相对底而言，图的轮廓较为完整、封闭，形状较为规则，面积较小。③整体化视觉对象。人们对外界事物整体的认知不受局部特征的影响，而觉察局部特征时会受到整体特征的影响。在其他条件相同的情况下，根据"整体特征优于局部"的组织原则，人们会把最接近或是最相似的元素组织到一起，将其作为整体来看待。④深度知觉。人对三维立体空间的感知，是通过一定的关于深度的信息线索来确定深度的。这些深度线索包括大小（符合"近大远小"的视觉经验）、焦距（符合"前实后虚"的视觉经验）、饱和度（符合"前艳后灰"的视觉经验）等。设计师可以有意识地利用这些知觉线索，增加或减少产品的造型层次。

（3）语意辨识　产品作为设计信息和设计观念的物质载体，是一种复杂的"语意"符号，并且受物质构成手段和具体使用功能的限制，产品无法以具体描述作为主要表达方式，而更多地采用象征与隐喻的手法来加以暗示。因此，一件产品的语意会包含外延意义与内涵意义两方面的内容。所谓外延意义，是指产品符号具有某些特定的、外显的或常识性的含义。内涵意义指的是产品符号中涉及个人的情感联想、意识形态、社会文化背景等潜在信息，这些信息与用户的年龄、阶层、教育背景、生活方式等密切相关。较之于外延意义的直观、理性、逻辑，产品的内涵意义要更多元、更开放、更深刻，也更具有设计空间。因此为了将产品外观的语意全面、准确地传达给目标用户，需要根据目标用户的实际情况"量身设计"，使其产生预期的联想反应与情感共鸣。

辨识是指人们将从产品外观获得的感觉信息与自身所存储知识相互匹配，并赋予所感知的产品对象意义的过程。在此环节中，用户对于外观的识别是借助脑中的"原型"（也称概念模型，即各种事物被抽象为某种信息存储在记忆中）来进行匹配的。当物体与原型非常接近时，物体可被识别；而当无法寻找到合适的原型时，一方面会导致人们产生认知障碍，另一方面人们可能寻找最接近的原型对相关知觉对象做出推测与判断。因此，为了打造"良好匹配"的产品，在具体设计实践环节，可以通过"设计仿样"的方式，有意识、有针对性地对深入人心的典型产品的样式进行适当借鉴，这有助于用户全面、高效地识别与把握产品所要传达的语意。

4.1.2　产品外观的情感表达要素

人的情感具有多层次性，既包含源于本能的、先天的、基本的感性情感，也包含后天习得的、复合的、与社会相关的理性情感。因此在产品外观设计领域，一方面，产品的外观要素以及这些要素组合形成的结构需要直接作用于用户的感官而使用户产生相应的情绪和情感反应；另一方面，产品外观能使用户无意识或有意识地联想到具有某种关联的事物或情境，并由于对这些关联的事物、情境的态度而形成连带的情感。由此可见，产品外观不仅是设计者设计意识的产物，还是唤起用户活动意向的触媒。只有当设计者与用户在同一"视觉语言体系"时，用户才能够正确解读产品的含义，这个设计产品才具有意义。值得强调的是，产品对用户形成的多元情感导向往往是组成产品外观的各种物理性质的要素共同发挥作用的结果。为了阐明这些要素影响情感的基本规律，本书将其中主要的要素挑选出来进行分析说明。

(1) 形态　产品的形态分类标准五花八门。按照产品的形状是否规则，可分为规则形和不规则形两类。规则形如方体、锥体、球体、柱体等，它们结构规矩、有序，通常显得简洁、稳定、牢固、平衡和有力量，有利于营造庄严、宁静、典雅的气氛，但不免给人呆滞、古板、平庸的感觉。不规则形产品会产生神奇的效果，给人以极强的视觉冲击力和前卫的艺术感染。与规则形相比，不规则形表现出创新、变化，却隐藏着不平衡、危机、矛盾等心理情绪。还有一种分类是按线形区分，可以分为直线形和曲线形两类。直线形主要给人沉稳、舒展、刚毅、挺拔的视觉感受。曲线形则让人拥有与柔美、亲切、自由、流畅相关的情感意象。譬如：自由曲线接近自然形态，具有生活气息，有利于营造朴实、自然、环保的气氛；几何曲线张弛适度、柔中带刚，适合体现现代设计所追求的律动及简约效果。不同的形态给人不同的心理感受，因此设计者需要根据具体的产品定位，合理组织、使用相关要素，以满足用户的心理需求，达到吸引用户的目的。

（2）色彩　色彩作为外观设计中不可或缺的要素，其所带来的用户感受来自三个不同的方面。一是，人对色彩的情感体验来自色彩的物理属性，即可以通过对色彩的色相、明度、饱和度等因素的调节，使人产生冷暖、软硬、远近、大小、轻重、兴奋与沉静、温暖与凉爽、疲劳与舒适等视觉感受。二是，色彩的情感源自生活中某些物体的固有色，人在看到某一颜色时会产生相应的联想，这些联想本质上是与该物体所激发的情感体验密切相关的。譬如：红色与血液、太阳、花卉等相关，黄色与柠檬、玉米、向日葵等相关，蓝色与海洋、天空、宇宙等相关，等等。受到年龄、兴趣、经验、性格的影响，联想的内容会因人而异。一般儿童可以联想到的大多是身边具体的事物，随着年龄的增长、阅历的丰富、思维能力的提高，人的联想范围会不断扩大，并且从具体的事物向抽象的事物发展。三是，色彩的情感体验来自社会观念的象征，即运用颜色作为符号，传递某种文化内涵。譬如在我国传统文化中：红色代表着幸运，可以辟邪祛病；黄色是帝王之色，象征着高贵与荣耀；等等。由此可见，色彩深刻地影响着人们的生理感受、心理感受、情绪状态与视觉感受，人们对色彩的情感体验会受到其所处社会、环境、时代、文化、地区、性别、习俗、生活方式的影响。色彩在产品设计中可以与形态互为补充，共同发挥作用，实现产品的认知功能。

（3）材料　材料的情感来自人们对它的材质产生的感受，即质感，其包括肌理、纹路、光泽、透明度、发光度、反光率以及它们所具有的表现力。质感是由触觉所引起的，但在人们的视觉经验中，视觉可以通过触觉所转移的经验来感知不同的质感，所以质感属于视觉与触觉的范畴。不同质感带给人们不同的感知，这种感知有时会引起一定的联想，人们自然就对材料产生了联想层面的情感。

质感可以按不同的标准来分类，其中最常见的一种是按材料本身的构成特性来分类,分成自然材质感与人工材质感两种。材料的自然材质感是材料本身固有的质感,是材料的成分、物理化学性能和表面肌理等物面组织所显示的特征。每一种材料都体现出自身特性所决定的质感。例如石头、木、竹等传统材料会让人联想起一些传统古典的事物,继而产生一种朴实、自然、典雅的感觉。因而,自然材质感强调的是材料自身的天然性和美感。材料的人工材质感是指人们有目的地对材料表面进行技术性和艺术性加工处理,使其具有非材料自身固有的表面特征。人工材质感突出工艺特性,强调材质的工艺之美。随着表面处理技术和面饰工艺的发展,人工材质感在现代设计中应用得越来越广泛,它是获得各种丰富多彩的质感效果的重要手段,同材异质感和异材同质感就是典型效果。设计师在选择材料时要充分考虑材料与人的关系,巧妙地将材料的语意与人的情感需求相对接。

综上可见,良好的产品外观设计,总是通过"形态""色彩""材料"三个方面的相互交融而提升至意境层面的,以体现出隐藏在物质外形表象背后的产品精神。产品精神通过用户的联想与想象而得以传递,在用户和产品的互动过程中满足用户潜意识的需要,以此实现产品的情感价值,体现其象征意义。

4.1.3 产品外观的感性设计

在产品领域,"感性"一词可诠释为人对物品所持的感觉或意象,是对物品的一种心理上的期待和感受,主要存在于外界刺激传送至感觉器官后所产生的感觉、知觉、认知、情感、表现等一系列人与产品相互作用的流程中。由于"感性"始终围绕人的各种感觉和心理,当它与设计相结合后,会使产品设计由单纯的物的意义上升为物与人的能动关联的范围;因此当设计使产品在外观、肌理、触觉等方面给人的感觉是一种"美"的体验或具有"人情味"时,即为感性设计。可以说,今后的设计创意思想,应该以努力追求用户与产品之间更和谐、更密切的感性关系为发展方向。感性设计为人们重新认识设计、从事设计提供了新的视角和态度,对促进现代设计的发展有着深远的影响。

感性设计最初是为了迎合感性消费而产生的,它基于商业考虑被动地进行相关设计。后来,随着理论研究的不断深入,感性设计被有计划、有意识地用以开拓市场。通过长期的摸索,凭借较高的设计水平,一些国家依靠各自的文化特征分别建立了自成体系的感性设计方法。目前比较完善、影响比较大的有欧美的"情感化"设计、日本的感性工学、韩国的趣味设计等。如果说理性设计实现了产品的使用价值,让人们尊重产品的功用,那么感性设计便增加了产品的情感价值，让人们感动于产品的贴心和关怀。感性的要素可以上升到理性的高度，而理性要素又必须以感性的形象表现出来，因此在产品设计中必须将二者有机结合、互相协调，从而使产品的外观造型要素成为能够"传情达意"的载体，以便更好地表现出产品的实用价值与精神内涵。

4.2　构建类玩具的外观设计要素对感官体验的影响

根据上述研究内容可知构建类玩具用户感官维度的体验与其外观形式表达密切相关——用户通过视觉、触觉等感官通道从外观所反映的信息中获得即刻的感性体验。构建类玩具的外观包含形态、色彩、材料、图案等多种要素，为了可以系统了解这些外观设计要素对感官体验中各个环节的影响程度，需要借助专家评估法，对相关的作用关系进行合理定位。

4.2.1　研究方法

专家评估法是应用较广的一种评价方法。它在定量与定性的基础上，以打分等方式做出定量评价，其结果具有数理统计特征。它最大的优势在于，能够在缺乏足够统计数据和原始资料的情况下做出具有一定科学性与综合性的评估。德尔菲法（Delphi Method）作为专家评估法中具有代表性的方法，它的主要特征是邀请专家参与预测，充分利用专家的经验和学识，采用匿名或背靠背的方式，使每一位专家都可以自由独立地做出判断。德尔菲法将各位专家的意见进行汇总并公开，让所有专家在了解别人的意见以后，再进行更加深思熟虑的预测。如此经过几轮意见征询后，专家们的意见逐渐趋于统一，能够获取具有稳定性和正确性的结果。

4.2.2　操作程序

为了围绕感官体验的核心内容对构建类玩具外观设计的重点做出权威预测与判断，根据构建类玩具所涉及的领域，邀请设计师、业务经理、销售人员、设计专业的教授、游戏化教学人员等九人成立专家小组。他们在对相关背景材料进行分析的基础上，确立项目评估的具体内容，具体内容包括构建类玩具外观设计的五种基本要素（形态——S、色彩——C、材料——M、图案——P、工艺——W）以及这一体验阶段所涉及的三个重要研究目标（用户辨识构建类玩具、体会游戏风格、感知课程的情境）。九位专家根据个人经验，按重要程度的高低在各个体验环节中选出三项外观设计要素,经过三轮反馈得到的结果见表4-1。

表 4-1 利用德尔菲法预测构建类玩具外观要素重要性的结果

专家编号	感官体验的研究目标	第1次判断			第2次判断			第3次判断		
		第1①	第2	第3	第1	第2	第3	第1	第2	第3
1	辨识构建类玩具	S	P	C	S	C	P	S	C	P
	体会游戏风格	M	S	P	C	S	P	C	S	M
	感知课程的情境	C	M	S	M	P	S	M	S	P
2	辨识构建类玩具	P	S	C	S	P	C	M	S	C
	体会游戏风格	C	P	W	C	S	M	C	P	M
	感知课程的情境	S	C	M	P	W	M	M	W	P
3	辨识构建类玩具	P	S	C	S	P	M	S	P	W
	体会游戏风格	S	C	P	S	P	M	C	S	P
	感知课程的情境	S	P	M	S	C	P	S	M	P
4	辨识构建类玩具	C	S	W	S	W	C	S	W	M
	体会游戏风格	M	P	W	C	S	P	P	C	S
	感知课程的情境	M	P	S	P	C	S	M	P	C
5	辨识构建类玩具	P	S	C	C	P	W	S	C	W
	体会游戏风格	S	C	M	S	C	M	S	C	P
	感知课程的情境	M	S	C	M	S	W	M	C	W
6	辨识构建类玩具	C	S	P	S	P	C	S	P	C
	体会游戏风格	P	M	C	C	S	W	C	M	W
	感知课程的情境	M	P	W	M	W	C	M	C	W
7	辨识构建类玩具	S	C	P	S	M	P	S	M	C
	体会游戏风格	C	P	M	P	M	C	C	W	P
	感知课程的情境	M	C	P	M	P	S	M	S	P
8	辨识构建类玩具	S	M	C	S	M	C	S	M	C
	体会游戏风格	M	S	C	C	M	S	C	S	M
	感知课程的情境	P	C	S	M	C	W	S	M	C
9	辨识构建类玩具	S	P	M	M	P	C	S	C	M
	体会游戏风格	C	S	P	C	M	S	C	P	W
	感知课程的情境	M	P	W	M	S	P	P	M	C
权重		0.5	0.3	0.2	0.5	0.3	0.2	0.5	0.3	0.2

注:形态——S、色彩——C、材料——M、图案——P、工艺——W。
① 第1、第2、第3代表各个体验环节中外观设计要素的重要程度排序。

4.2.3 分析与讨论

在应用德尔菲法进行预测时，最终一轮的判断是综合前几轮的反馈得到的，因此以最后一轮的判断结果为主。按照九位专家第 3 轮判断的情况，将不同专家对各个感官体验环节的判断结果予以分类归纳，依据相关权重计算得出构建类玩具的各种外观要素在不同的感官体验环节中的重要性排序。

辨识构建类玩具：

S：0.5 + 0.3 + 0.5 + 0.5 + 0.5 + 0.5 + 0.5 + 0.5 + 0.5 = 4.3

C：0.3 + 0.2 + 0.3 + 0.2 + 0.2 + 0.3 + 0.3 = 1.8

M：0.5 + 0.2 + 0.3 + 0.2 + 0.2 = 1.4

P：0.2 + 0.3 + 0.3 = 0.8

W：0.2 + 0.3 + 0.2 = 0.7

体会游戏风格：

C：0.5 + 0.5 + 0.5 + 0.3 + 0.3 + 0.5 + 0.5 + 0.5 + 0.5 = 4.1

P：0.3 + 0.2 + 0.5 + 0.2 + 0.2 + 0.3 = 1.7

S：0.3 + 0.3 + 0.3 + 0.2 + 0.5 + 0.3 = 1.6

M：0.2 + 0.2 + 0.3 + 0.2 = 0.9

W：0.2 + 0.3 + 0.2 = 0.7

感知课程的情境：

M：0.5 + 0.5 + 0.3 + 0.5 + 0.5 + 0.5 + 0.5 + 0.3 + 0.3 = 3.9

S：0.3 + 0.5 + 0.3 + 0.5 = 1.6

P：0.2 + 0.2 + 0.2 + 0.3 + 0.2 + 0.5 = 1.6

C：0.2 + 0.3 + 0.3 + 0.2 = 1.0

W：0.3 + 0.2 + 0.2 + 0.2 = 0.9

构建类玩具的外观设计要素在感官体验中的得分情况如图 4-1 所示。

从以上统计数据可知，在辨识构建类玩具环节中专家们较为注重的外观设计要素前 3 位依次为 S（形态）、C（色彩）、M（材料）。在构建类玩具的体会游戏风格环节中专家们较为注重的要素依次是 C（色彩）、P（图案）、S（形态）。在构建类玩具的感知课程主题情境环节被认为较关键的要素依次是 M（材料）、S（形态）、P（图案）。与此同时，通过图 4-1 所呈现的分析结果可以直观了解，在各项感官体验环节中权重数值累计最高的外观设计要素均比同一环节中的其他参评要素占有更加突出的分量，由此可以判断这些排在首位的要

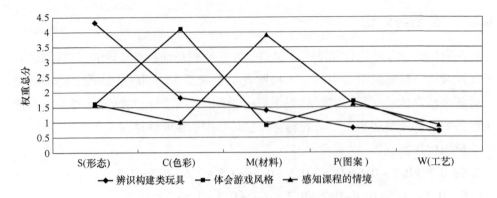

图 4-1 构建类玩具的外观设计要素在感官体验中的得分情况

素对于构建类玩具的感官体验起到了最关键的影响。因而从解决主要问题的思路出发，可将下一步的研究工作聚焦在"形态—辨识构建类玩具""色彩—体会构建类玩具的游戏风格""材料—感知构建类玩具的课程（学习）主题情境"三个维度上，以发现对构建类玩具外观设计具有指导意义的规律。

4.3 实验 1：构建类玩具的形态辨识

根据构建类玩具外观设计要素对感官体验的影响，用户在最初接触构建类玩具的阶段，主要是通过视觉识别的方式来衡量产品外部形态与内在经验图式之间匹配关系的。匹配程度越高，表明用户越容易清晰理解产品的角色定位；反之则会引起识别障碍，进而给感官体验带来负面影响。本实验应用感性匹配（Perceptual Matching）的方法，探讨玩具形态与用户反应之间的相关性。由于"形态"的概念包含产品物质形体（外形）与精神势态（神态）两个方面的内容，为了获得有助于实现"形神兼备"的形态设计的研究结论，本次形态辨识实验分为"视觉匹配"（形的辨识）与"情感匹配"（态的辨识）两个阶段来进行。构建类玩具形态感性匹配的流程如图 4-2 所示。

（1）视觉匹配　视觉匹配是指产品所属类别的匹配，它主要研究用户认为的产品类别与产品本身所属类别的一致程度。通常视觉匹配高的产品，其形态醒目、易于理解；视觉匹配低则会影响产品形态符号在用户中的传达与解读。因此对于构建类玩具而言，拥有高辨识度的形态会为游戏化学习的顺利开展提供有利条件。目前市面上的构建类玩具形态多样，对于它们的辨识在难易程度上也存在明显差距。本实验借助对典型材料进行分类的方式，以获得具有高辨

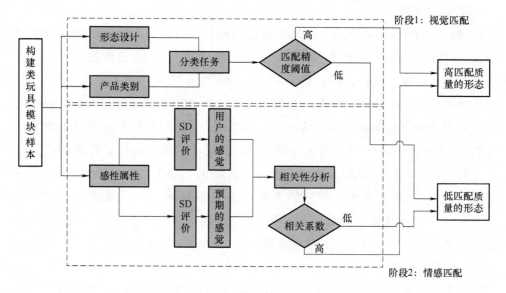

图 4-2　构建类玩具形态感性匹配的流程

识度的构建类玩具形态。

（2）情感匹配　情感匹配是指用户所产生的感觉和产品所要传达的感觉的匹配。成功的构建类玩具形态设计能够按照预期效果唤起用户相应的情感与期待，在提升产品感染力的同时，促使用户进行更深层次的认知探索。本实验利用语义差异法（Semantic Differential，简称 SD 法）来评估构建类玩具形态与用户情感的匹配质量，以获得具有高情感感知度的构建类玩具形态。

综合分析两个阶段的实验结果，从中获取具有"高匹配"质量的形态，以作为构建类玩具设计实践的重要参考。

4.3.1　形态辨识实验的方法

1. 实验对象

（1）视觉匹配实验　本实验共有被试 30 人，其中男性 18 人，女性 12 人，年龄为 7～12 岁，平均年龄 9.5 岁。所有被试的裸眼视力或矫正视力均为正常，其中有多种构建类玩具操作经验的占 24 人，接触构建类玩具较少的占 6 人。他们作为利用构建类玩具进行游戏化学习体验的用户代表，参与本次实验。

（2）情感匹配实验　本实验共分成两个组别进行实验，分别为用户组（20 名 7～12 岁的用户，11 男 9 女，平均年龄 9.5 岁）和专家组（8 名从事过构建类玩具品牌推广策划的专业人员）。

2. 实验材料

（1）视觉匹配实验的材料　本实验的材料使用目前国内玩具市场上较主流的 35 款构建类玩具设计样本。由于在感官体验阶段，用户所接触的构建类玩具往往处于分解独立状态，并且属于同一款玩具的模块零件，其形态不尽相同，因此由拥有丰富从业经验的游戏化教学人员从参选样本中精选出最有代表性的 35 款构建类玩具样本模块作为具体的实验材料，并由专业人员根据各个模块的造型特征勾勒出基础外形，再进行编号，以此生成"构建类玩具模块的典型形态图例"，见附录 B。同时，邀请 3 名有丰富从业经历的玩具设计师共同将这些图例中的玩具逐件归类至相应的类别中，分别是 K1——平面拼图型玩具、K2——堆搭垒叠型玩具、K3——贴合互连型玩具（利用磁力吸引、黏接等方式使模块紧密贴合）、K4——插接组合型玩具、K5——螺母组装型玩具，以作为"原始类别"呈现。

（2）情感匹配实验的材料　本实验的材料在沿用第 1 阶段 35 款构建类玩具设计样本的基础上，邀请另外 5 位玩具公司的专业人员参阅与构建类玩具相关的产品介绍、杂志、广告、新闻、评论，从中搜集与构建类玩具形态设计有较强关联性的形容词语汇。再对搜集到的形容词进行筛选，剔除儿童用户不易理解或意义相近的形容词，并将意义相对的形容词配对。最终经过 5 位专业人员的讨论，确定出 10 组感性词汇，见表 4-2。

表 4-2　10 组感性词汇

序　号	感 性 词 汇	序　号	感 性 词 汇
1	传统的——现代的	6	天然的——人工的
2	亲切的——神秘的	7	柔和的——刚硬的
3	严肃的——可爱的	8	简易的——复杂的
4	厚重的——轻巧的	9	粗糙的——精致的
5	单一的——多样的	10	普通的——特别的

3. 实验程序

（1）视觉匹配实验的程序　在被试未知构建类玩具模块的原始分类（玩具设计师的分类结果）的情况下，他们被要求首先利用经验来辨识构建类玩具模块的典型形态图例中的 35 个外形轮廓图形是否属于构建类玩具模块，其次按照形态特征判断出各个构建类玩具模块的基本使用情况，并将其分别归类至已设置的五个类别当中。

（2）情感匹配实验的程序　利用 10 组感性词汇作为 SD 问卷的测量尺度，

每组词汇分成五个等级（见图4-3），被试依据主观感受对相关对象给予不同程度的评价（越靠近左边的方格代表越接近左边形容词的描述，越靠近右边的方格代表越接近右边形容词的描述，正中位置的方格代表中立的描述。被试在认为较接近的程度方格内打钩）。在本实验中，用户组在儿童语言教师与研究人员的协助下，根据35款构建类玩具样本模块的情况在此量表上打分。专家组依据对K1至K5五个类别的看法在此量表上打分。

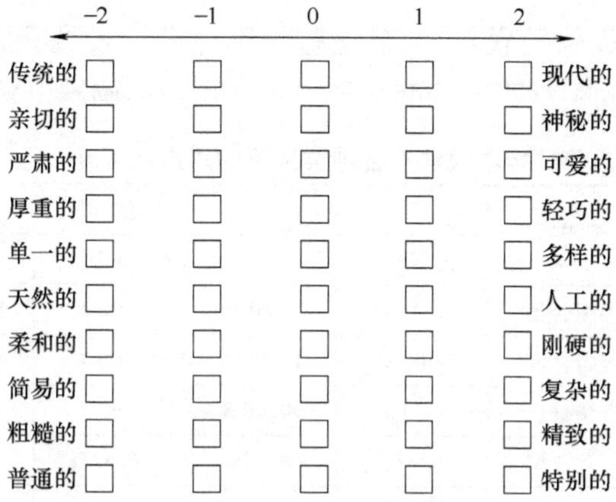

	-2	-1	0	1	2	
传统的	□	□	□	□	□	现代的
亲切的	□	□	□	□	□	神秘的
严肃的	□	□	□	□	□	可爱的
厚重的	□	□	□	□	□	轻巧的
单一的	□	□	□	□	□	多样的
天然的	□	□	□	□	□	人工的
柔和的	□	□	□	□	□	刚硬的
简易的	□	□	□	□	□	复杂的
粗糙的	□	□	□	□	□	精致的
普通的	□	□	□	□	□	特别的

图4-3　10组感性词汇构成的SD问卷

4.3.2　形态辨识实验的结果分析

（1）视觉匹配实验的结果　从视觉匹配实验的结果中，可以得到两个方面的信息。

一方面，在被试独立完成任务的环境下，35款构建类玩具样本模块的"身份"得到了所有被试的认可。通过让相关被试回顾实验过程，进一步获悉：11~12岁年龄段的被试由于接触构建类玩具的经历相对丰富，他们在为样品模块确定身份时显得较为容易；7~10岁年龄段的被试虽然未曾直接接触过其中的部分玩具，但他们根据某些间接经验也可以对实验材料的基本属性给予正确判断。由此可见相关样本模块在形态上均含有显性的构建类玩具的基本特征。

另一方面，以样本模块被分类到各类别的次数除以这一样本模块被分配的总次数（此项测试总次数均为30次），得到每件样本模块被分类到各个类别的用户认可度，此数值也可作为一个判断样本模块与类别之间关联性的指标，详见表4-3。高分值代表样本模块与类别之间具有强关联性，低分值表示样本模块与类别之间的关联性较弱。然后，根据样本模块被正确地分类到原始类别的百分比，来衡量视觉匹配的质量（表中加粗的数字）。按照相关评判标准，在各个类别中认可度达到80%以上的高质量样本模块是：K1，T9（96.67%）、T29（86.66%）、T13（80.00%）；K2，T3（90.00%）、T24（83.33%）、T34（80.00%）；K3，T10（90.00%）、T26（83.33%）、T17（80.00%）；K4，T1（100.00%）、T2（90.00%）、T33（83.33%）；K5，T21（86.67%）、T7（83.33%）、T32（80.00%）。这些样本模块的形态不仅在相关的类别中得到被试的高度认可（形成强关联），而且这些类别与设计人员所提供的原始类别情况一致，具有很高的视觉匹配精度（形态可被用户准确辨识）。

表4-3 每件样本模块在各种类别下的用户认可度（匹配率）

样本模块	原始类别	分类认可度				
		K1	K2	K3	K4	K5
T1	K4：插接组合型	0.00%	0.00%	0.00%	**100.00%**	0.00%
T2	K4：插接组合型	0.00%	10.00%	0.00%	**90.00%**	0.00%
T3	K2：堆搭垒叠型	3.33%	**90.00%**	6.67%	0.00%	0.00%
T4	K3：贴合互连型	16.67%	46.67%	36.67%	0.00%	0.00%
T5	K3：贴合互连型	0.00%	53.33%	46.67%	0.00%	0.00%
T6	K4：插接组合型	36.67%	6.67%	3.33%	53.33%	0.00%
T7	K5：螺母组装型	6.67%	6.67%	3.33%	0.00%	**83.33%**
T8	K5：螺母组装型	13.33%	10.00%	10.00%	0.00%	66.67%
T9	K1：平面拼图型	**96.67%**	0.00%	0.00%	3.33%	0.00%
T10	K3：贴合互连型	6.67%	3.33%	**90.00%**	0.00%	0.00%
T11	K4：插接组合型	13.33%	3.33%	6.67%	76.67%	0.00%
T12	K3：贴合互连型	50.00%	0.00%	50.00%	0.00%	0.00%
T13	K1：平面拼图型	**80.00%**	0.00%	13.33%	6.67%	0.00%
T14	K2：堆搭垒叠型	6.67%	40.00%	53.33%	0.00%	0.00%
T15	K1：平面拼图型	33.33%	33.33%	33.33%	0.00%	0.00%
T16	K5：螺母组装型	20.00%	13.33%	6.67%	0.00%	60.00%
T17	K3：贴合互连型	0.00%	20.00%	**80.00%**	0.00%	0.00%
T18	K4：插接组合型	0.00%	0.00%	26.67%	73.33%	0.00%
T19	K2：堆搭垒叠型	6.67%	63.33%	30.00%	0.00%	0.00%
T20	K1：平面拼图型	70.00%	10.00%	20.00%	0.00%	0.00%
T21	K5：螺母组装型	3.33%	6.67%	3.33%	0.00%	**86.67%**

(续)

样本模块	原始类别	分类认可度				
		K1	K2	K3	K4	K5
T22	K2：堆搭垒叠型	30.00%	**30.00%**	40.00%	0.00%	0.00%
T23	K4：插接组合型	33.33%	10.00%	10.00%	**46.67%**	0.00%
T24	K2：堆搭垒叠型	0.00%	**83.33%**	3.33%	13.33%	0.00%
T25	K3：贴合互连型	23.33%	10.00%	**66.67%**	0.00%	0.00%
T26	K3：贴合互连型	0.00%	13.33%	**83.33%**	3.33%	0.00%
T27	K5：螺母组装型	0.00%	16.67%	33.33%	0.00%	**50.00%**
T28	K1：平面拼图型	**53.33%**	10.00%	36.67%	0.00%	0.00%
T29	K1：平面拼图型	**86.66%**	6.67%	6.67%	0.00%	0.00%
T30	K2：堆搭垒叠型	23.33%	**33.33%**	43.33%	0.00%	0.00%
T31	K1：平面拼图型	**36.67%**	13.33%	50.00%	0.00%	0.00%
T32	K5：螺母组装型	6.67%	6.67%	6.67%	0.00%	**80.00%**
T33	K4：插接组合型	10.00%	6.67%	0.00%	**83.33%**	0.00%
T34	K2：堆搭垒叠型	3.33%	**80.00%**	16.67%	0.00%	0.00%
T35	K5：螺母组装型	0.00%	13.33%	0.00%	33.33%	**53.33%**

（2）情感匹配实验的结果　利用 SPSS 软件对专家组和用户组评分数据进行相关性分析，通过皮尔森（Pearson）相关系数 r 来评估样品形态表达与用户情感反馈之间的匹配质量，分析结果见表 4-4，与每个样本模块强相关的类别都以加粗字体显示。由相关评判标准可知，在各个类别中情感匹配相关性在 0.8 以上且与原始类别相一致的高质量样本是：K1，T9（0.953）、T13（0.870）、T31（0.827）、T29（0.818）；K2，T34（0.919）、T24（0.803）；K3，T17（0.849）、T10（0.843）；K4，T1（0.972）、T33（0.826）；K5，T21（0.857）、T7（0.817）。这些样本的形态可以引发用户组以及专家组被试相似的情感反应，两者具有高度正相关性（$0.8 \leqslant r \leqslant 1$），这表明构建类玩具产品与用户之间可借助此类形态建立符合设计预期的情感关联。

表 4-4　专家组与用户组相关性分析的结果

样本模块	皮尔森（Pearson）相关系数					原始类别	强相关类别
	K1	K2	K3	K4	K5		
T1	0.452	0.267	-0.140	**0.972**	0.363	K4：插接组合型	K4：插接组合型
T2	0.608	0.239	0.247	**0.693**	0.310	K4：插接组合型	K4：插接组合型
T3	**0.181**	-0.018	0.079	-0.275	-0.245	K2：堆搭垒叠型	K1：平面拼图型

(续)

样本模块	皮尔森（Pearson）相关系数					原始类别	强相关类别
	K1	K2	K3	K4	K5		
T4	0.345	0.467	-0.095	**0.576**	0.355	K3：贴合互连型	K4：插接组合型
T5	0.381	**0.639**	-0.130	-0.256	0.008	K3：贴合互连型	K2：堆搭垒叠型
T6	0.229	-0.007	-0.071	0.192	**0.239**	K4：插接组合型	K5：螺母组装型
T7	0.012	-0.393	0.700	0.342	**0.817**	K5：螺母组装型	K5：螺母组装型
T8	0.463	-0.027	**0.498**	0.476	0.203	K5：螺母组装型	K3：贴合互连型
T9	**0.953**	0.666	0.000	0.436	-0.157	K1：平面拼图型	K1：平面拼图型
T10	-0.022	-0.517	**0.843**	-0.034	0.463	K3：贴合互连型	K3：贴合互连型
T11	0.208	-0.232	0.442	**0.597**	0.470	K4：插接组合型	K4：插接组合型
T12	**0.180**	-0.081	0.144	-0.480	-0.786	K3：贴合互连型	K1：平面拼图型
T13	**0.870**	0.494	0.276	0.227	0.085	K1：平面拼图型	K1：平面拼图型
T14	0.718	**0.776**	-0.320	0.480	-0.227	K2：堆搭垒叠型	K2：堆搭垒叠型
T15	**0.777**	0.579	-0.132	0.480	0.083	K1：平面拼图型	K1：平面拼图型
T16	**0.656**	0.509	-0.142	0.186	-0.419	K5：螺母组装型	K1：平面拼图型
T17	0.327	-0.228	**0.849**	-0.043	0.036	K3：贴合互连型	K3：贴合互连型
T18	-0.122	0.136	0.065	0.552	**0.688**	K4：插接组合型	K5：螺母组装型
T19	0.417	**0.732**	-0.095	0.249	0.000	K2：堆搭垒叠型	K2：堆搭垒叠型
T20	**0.776**	0.588	0.044	0.550	-0.024	K1：平面拼图型	K1：平面拼图型
T21	0.145	-0.229	0.501	0.606	**0.857**	K5：螺母组装型	K5：螺母组装型
T22	0.522	**0.749**	-0.338	0.606	0.091	K2：堆搭垒叠型	K2：堆搭垒叠型
T23	-0.052	-0.232	0.304	0.235	**0.318**	K4：插接组合型	K5：螺母组装型
T24	0.261	**0.803**	-0.598	0.130	-0.328	K2：堆搭垒叠型	K2：堆搭垒叠型
T25	-0.141	-0.405	**0.611**	0.253	0.512	K3：贴合互连型	K3：贴合互连型
T26	**0.799**	0.679	-0.159	0.161	-0.247	K3：贴合互连型	K1：平面拼图型
T27	0.112	0.188	0.359	-0.117	**0.591**	K5：螺母组装型	K5：螺母组装型
T28	0.451	0.060	**0.503**	0.429	0.432	K1：平面拼图型	K3：贴合互连型
T29	**0.818**	0.806	-0.228	0.466	0.036	K1：平面拼图型	K1：平面拼图型
T30	0.420	**0.439**	-0.259	0.269	-0.439	K2：堆搭垒叠型	K2：堆搭垒叠型
T31	**0.827**	0.544	0.000	0.560	-0.043	K1：平面拼图型	K1：平面拼图型
T32	0.511	0.060	0.313	**0.615**	0.172	K5：螺母组装型	K4：插接组合型
T33	0.695	0.695	-0.385	**0.826**	0.133	K4：插接组合型	K4：插接组合型
T34	0.567	**0.919**	-0.568	0.221	-0.263	K2：堆搭垒叠型	K2：堆搭垒叠型
T35	0.049	-0.435	**0.681**	0.303	0.374	K5：螺母组装型	K3：贴合互连型

（3）两项实验结果汇总　根据相关判定标准，将视觉匹配精度（基于样本模块被正确分类情况下的用户认可度）在80%以上、情感匹配相关性在0.8以上的样本模块定义为高质量设计。高质量的构建类玩具模块形态汇总结果见表4-5。K1（平面拼图型）的T9、T13、T29，K2（堆搭垒叠型）的T24、T34，K3（贴合互连型）的T10、T17，K4（插接组合型）的T1、T33，K5（螺母组装型）的T7、T21，这些样本模块形态不仅具有很高的外形识别度，其反映的情感内容也贴近用户的感知。

表4-5　高质量的构建类玩具模块形态汇总结果

类别	K1			K2		K3		K4		K5	
感性意象	传统、亲切、轻巧、多样、人工、刚硬、简易、粗糙、普通			传统、亲切、可爱、厚重、多样、人工、刚硬、简易、普通		现代、严肃、轻巧、单一、简易、粗糙、特别		现代、亲切、严肃、轻巧、多样、人工、刚硬、复杂、普通		现代、亲切、严肃、轻巧、单一、人工、刚硬、复杂、精致、特别	
样本模块编号	T9	T13	T29	T24	T34	T10	T17	T1	T33	T7	T21
正面形态											
顶面形态											
视觉匹配	96.67%	80.00%	86.66%	83.33%	80.00%	90.00%	80.00%	100.00%	83.33%	83.33%	86.67%
情感匹配	0.953	0.870	0.818	0.803	0.919	0.843	0.849	0.972	0.826	0.817	0.857

4.3.3　关于形态辨识实验的讨论

从实验结果可以看出，高质量的构建类玩具形态应符合以下设计要求：①形态的特征要简单、明晰，所反映的重点信息能够引起相关用户的关注。不难发现，高质量设计的样本模块的形式表达都比较简练、均衡，在保留各自个性特征的同时大多是以简洁、对称、规则的形态为主的。这些"一目了然"的形态便于儿童用户及时捕捉到重要的特征线索。②形态中所蕴含的设计基因

（包含各种设计元素以及它们的构成关系）可以与大部分用户已有的知识经验产生关联，易于用户理解。在设计中，可以灵活应用设计仿样使玩具形态与用户认知形成合理匹配，具体涉及两种策略。第一种策略是在形态设计上效仿先进的或层次较高的同类玩具，如乐高、Eitech 构建类玩具等。悠久的历史以及广泛的普及使得这些产品形象早已深入人心，无形中也增强了用户对其识别的可能性。这也是目前许多玩具厂商将此类经典形态作为"原型"，在其基础上进行改造加工的原因。第二种策略是通过对其他自然样式或者已有的、具有类似功能和结构的人造物品的模仿，引导用户对脑中相关原型、图式经验进行有效提取，从而正确把握构建类玩具形态语意。③形态中所注入的情感信息可以被目标用户广泛接受、理解，以产生预期的情感共鸣，进而丰富体验内涵、提升体验质量。④设计"法则"须符合建构主义学习理论中有关知识建构的认知规律，即借助高质量的构建类玩具形态来关联新、旧知识经验，以此起到引导、支持用户更新已有知识体系的作用。

因此，在构建类玩具形态设计阶段：首先可以从优质、成熟的构建类玩具及其他既有形态中提取出合适的参考原型，以此实现对产品类型的"通俗表达"。其次要结合具体的游戏化学习主题对构建类玩具形态的细节和形式特征进行有针对性的"量身定制"。最终为用户呈现既适配自身认知经验，又凸显产品审美特征、设计意向的构建类玩具形态。

4.4 实验 2：基于游戏风格体会的构建类玩具的色彩定位

根据相关研究结果，构建类玩具的色彩要素是使用户初步感受玩具外观所彰显的游戏风格的主要"窗口"。构建类玩具的游戏方式以及色彩构成形式多样，厘清两者之间的关系，将有助于构建类玩具的色彩设计朝着更加理性的方向发展。为了迎合儿童用户的喜好，构建类玩具在色彩纯度、明度上的选择较为固定，大多以高纯度、高明度的色彩作为基础用色；而在色彩的色相选择上却没有统一的参考标准。本实验借助感性工学的技术手段，重点探讨色彩（色相）与构建类玩具所拥有的游戏风格之间的关系。

4.4.1 色彩定位实验的方法

1. 实验对象

实验共有被试 50 人，其中男性 28 人，女性 22 人，年龄为 7~12 岁，平均年龄 9.5 岁。所有被试的裸眼视力或矫正视力均为正常,其中有多种构建类玩具操作经验的 34 人,接触构建类玩具较少的 16 人。他们作为利用构建类玩具进行游戏化学习体验的用户代表,参与本次实验。

2. 实验材料

为了整体把握目前构建类玩具色彩开发的趋势,研究选取了 30 个国内外一线玩具品牌,涵盖市面上主流的构建类玩具,收集其推出的近 100 条产品信息。先从中提取与设计语意相关的词汇,再对所提取的 200 多个关键词汇进行聚类分析,最终生成 12 组从不同角度对玩具的感性特质进行描述的代表性词汇,见表 4-6。这 12 组词汇意义相反,用于与 SD 法相结合,以获取被试对构建类玩具色彩以及相关游戏风格所产生的意象信息。

表 4-6　12 组感性词汇

序号	感性词汇	序号	感性词汇
1	规律的——无序的	7	浪漫的——理智的
2	活泼的——刻板的	8	和谐的——冲突的
3	安全的——危险的	9	严肃的——轻松的
4	有趣的——乏味的	10	简易的——复杂的
5	绚烂的——素净的	11	专业的——业余的
6	经典的——流行的	12	稳定的——多变的

3. 实验程序

本次实验通过将色彩的感性词汇与游戏的感性词汇相匹配的方式,从相互对应的关系中梳理出能够精准选择作用于不同类型游戏构建类玩具的色彩的依据。因此,需要以统一的感性词汇作为"标尺",在对"玩具色彩""游戏风格"进行量化的过程中,根据感性词汇的量化数值相同或相近即可形成关联的原则,来实现构建类玩具色彩与不同游戏风格在感性意象层面的合理"对接"。本次实验包含三个阶段的内容:

(1) 玩具色彩的特征描述　经过市场调研发现,目前市面上的构建类玩具的色彩主要分布于 12 色相环中的各个色彩之上。为了较全面地了解用户对于这些色彩的感性意象,本次实验借助 SD 法,围绕 12 色相环中的三原色(红色、黄色、蓝色)、二次色(橙色、紫色、绿色)、三次色(红橙色、黄橙色、黄绿色、蓝绿色、蓝紫色、红紫色)以及无色彩系(中性色)中的黑色、白色、灰色,共计 15 种常见颜色,来让被试对其做出感性评价。相关问卷量表中的感性词汇采用表 4-6 中的 12 组词汇,问卷量表中的样本选择采用相应色相的构建类玩具。问卷量表示例见表4-7（以蓝色为例）。分值越小，表示被试的感受越接近左边的词汇；分值越大，表示被试的感受越接近右边的词汇。

表4-7 构建类玩具色彩（蓝色）的问卷量表

构建类玩具样本	感性词汇测量表
	规律的 [1] [2] [3] [4] [5] 无序的
	活泼的 [1] [2] [3] [4] [5] 刻板的
	安全的 [1] [2] [3] [4] [5] 危险的
	有趣的 [1] [2] [3] [4] [5] 乏味的
	绚烂的 [1] [2] [3] [4] [5] 素净的
	经典的 [1] [2] [3] [4] [5] 流行的
	浪漫的 [1] [2] [3] [4] [5] 理智的
	和谐的 [1] [2] [3] [4] [5] 冲突的
	严肃的 [1] [2] [3] [4] [5] 轻松的
	简易的 [1] [2] [3] [4] [5] 复杂的
	专业的 [1] [2] [3] [4] [5] 业余的
	稳定的 [1] [2] [3] [4] [5] 多变的

（2）游戏风格界定　在完成构建类玩具色彩特征的感性意象评价以后，需要利用SD法测量被试对于构建类玩具的游戏风格的意象感知。根据对构建类玩具可执行游戏类型的分析，可得到四种游戏风格。给游戏风格编号，制定游戏风格分类表（见表4-8）。

表4-8 构建类玩具的游戏风格分类表

编　　号	G1	G2	G3	G4
游戏风格类别	练习类游戏	象征类游戏	规则类游戏	构建类游戏

对游戏风格的类别编号以后，使用与上一阶段色彩特征描述相一致的12组感性词汇对每一种游戏风格进行量化描述，以得到每一种游戏风格所对应的12组词汇的感性量。以G1（练习类游戏）风格为例，设计出感性词汇测量表（见表4-9）（为消除参考图片色彩对被试判断所产生的影响，相关游戏风格的图片一律进行去色处理）。

表 4-9　G1（练习类游戏）风格的感性词汇测量表

G1 练习类游戏风格	感性词汇测量表
	规律的　[1] [2] [3] [4] [5]　无序的
	活泼的　[1] [2] [3] [4] [5]　刻板的
	安全的　[1] [2] [3] [4] [5]　危险的
	有趣的　[1] [2] [3] [4] [5]　乏味的
	绚烂的　[1] [2] [3] [4] [5]　素净的
	经典的　[1] [2] [3] [4] [5]　流行的
	浪漫的　[1] [2] [3] [4] [5]　理智的
	和谐的　[1] [2] [3] [4] [5]　冲突的
	严肃的　[1] [2] [3] [4] [5]　轻松的
	简易的　[1] [2] [3] [4] [5]　复杂的
	专业的　[1] [2] [3] [4] [5]　业余的
	稳定的　[1] [2] [3] [4] [5]　多变的

（3）构建类玩具的色彩定位　在利用 12 组感性词汇测量出被试对于玩具色彩特征以及游戏风格的心理感觉的基础上，可进行构建类玩具的色彩定位：首先，将相关游戏风格中的各项平均值进行比较，从中筛选出偏向性较大的 8 组词汇（平均值若接近"1"则表示其属于左边的感性形容词，若接近于"5"则表示属于右边的感性形容词），这些基于情感量化方式得到的形容词便是玩具所属游戏风格的特征词汇。其次，在玩具色彩感性词汇的平均值中找到这 8 组词汇的分值，选取与游戏风格特征词汇得分接近的颜色，即可实现对构建类玩具色彩设置的精准定位。所选择的颜色可以作为具有该游戏风格的构建类玩具的主色或配色来呈现。

4.4.2　色彩定位实验的结果分析

实验后，对所有被试选择的结果进行统计，依据每种游戏风格的 8 组特征词汇（见表 4-10，相关数值以粗体显示）的得分情况（分值四舍五入，保留整数部分），在色彩感性词汇的平均值（附录 C）中找到数值接近的颜色，以此形成构建类玩具色彩与游戏风格的感性适配：在 G1（练习类游戏）中的特征词汇为规律的、刻板的、安全的、经典的、理智的、严肃的、简易的、稳定的。在

15 种常见色彩中与 G1 的风格意象较接近的色彩为蓝色、绿色、紫色、蓝绿色、蓝紫色、黄色、黄绿色。在 G2（象征类游戏）中的特征词汇为规律的、活泼的、有趣的、绚烂的、浪漫的、轻松的、复杂的、稳定的。在 15 种常见色彩中与 G2 的风格意象较接近的色彩为黄色、红色、红紫色、橙色、黄橙色、黄绿色、红橙色。在 G3（规则类游戏）中的特征词汇为规律的、刻板的、素净的、理智的、严肃的、简易的、专业的、稳定的。在 15 种常见色彩中与 G3 的风格意象较接近的色彩为蓝色、绿色、蓝绿色、紫色、蓝紫色、黑色、灰色、白色。在 G4（构建类游戏）中的特征词汇为规律的、安全的、有趣的、理智的、和谐的、严肃的、专业的、多变的。在 15 种常见色彩中与 G4 的风格意象较接近的色彩为黑色、灰色、白色、绿色、蓝绿色、黄色、蓝色、黄绿色、蓝紫色、紫色。

表 4-10　各类游戏风格的感性意象统计结果

感性词汇	G1	G2	G3	G4
规律的——无序的	1	2	1	2
活泼的——刻板的	4	2	5	3
安全的——危险的	2	3	3	2
有趣的——乏味的	3	1	3	2
绚烂的——素净的	3	1	4	3
经典的——流行的	2	3	3	3
浪漫的——理智的	4	1	5	4
和谐的——冲突的	3	3	3	2
严肃的——轻松的	2	4	1	2
简易的——复杂的	2	4	2	2
专业的——业余的	3	3	2	2
稳定的——多变的	1	1	1	4

此外，根据 12 组感性词汇所涉及的意象维度可以相应生成 24 种配色方案（即每一组感性词汇可拆分成两种意义相对的配色主题）。在每种配色主题中，色彩间的搭配关系可以通过附录 C（色彩感性词汇的平均值）中相关数值间的量差情况来加以衡量：根据设计经验与色彩理论，利用距离远近和数值大小的比对，可以将这些感性色彩的配色方式归纳为三种类型，见表 4-11。当围绕相关游戏风格确定构建类玩具的"主色调"以及"配色主题"之后，可参考附录 C 与表 4-11 中的数据，在相应的配色主题栏中选取在感性尺度上与所选主色调

相近或相远（色彩感性量差小或大）的色彩作为辅助色、点缀色，这样即可实现基于感性认知的色彩搭配。

表 4-11　感性色彩的配色方式类型

配色效果	感性量差
弱对比（相似感）	0
中对比（和谐感）	1～3
强对比（冲突感）	4

4.4.3　关于色彩定位实验的讨论

该实验结果可以充分反映构建类玩具的色彩与相关游戏风格之间存在的相关性：①练习类游戏的意象性色彩以冷色系色彩为主。冷色在心理层面会给人以沉静感，这与练习类游戏需要用户冷静思考、耐心操作的目标相吻合。②象征类游戏的意象性色彩以暖色系色彩为主。暖色在心理层面会给人以兴奋感，这与象征类游戏需要用户积极配合、全情投入的初衷相一致。③规则类游戏的意象性色彩除了以冷色为主以外，还包含黑、白、灰三种中性色调。这符合规则类游戏不仅需要用户理性思考，还需要他们在较长时间内保持高度注意的操作要求（黑色、白色的游戏物件可以引起用户的关注，灰色可以适当缓解持续关注给人们带来的紧张与不适的情绪）。④构建类游戏可看作是以上三种游戏类型元素的综合载体，因此可与其搭配的色彩种类较多，涉及冷色、暖色、中性色多个色彩区域。设计人员可根据构建类游戏的风格倾向与内容重点，选择相宜的色彩。

此外，从建构主义学习理论的视角进行分析，将这些基于用户经验、知识的色彩影响规律应用于构建类玩具的设计之中，可以更好地引导用户通过"同化""顺应"等认知加工方式领悟相关游戏的内涵，有利于他们通过游戏开展更具深度的探究活动。

4.5　实验 3：针对学习情境感知的构建类玩具的材料选择

构建类玩具的材料是用户感知课程情境的重要媒介，用户在特定的游戏化学习过程中，通过对不同物质材料特性的感知，产生与课程学习情境相关的联想。以往对于构建类玩具材料的研究大多是从使用安全、环保视角切入的，从感官体验视角切入的研究相对较少。本实验旨在探讨作为教育、学习工具的构建类玩具的材料选择方式，研究与游戏化课程的情境体验相适配的构建类玩具在材料感性特征方面的设计要求。

4.5.1 材料选择实验的方法

1. 实验对象

本实验共分成两个组别进行实验，分别为教师组与学生组。

教师组由 10 名长期从事游戏化教育工作、具有丰富行业经验的教师构成。他们作为游戏化学习中的协助人员，负责对相关课程情境的创设目标进行判定。

学生组共有被试 50 人，其中男性 28 人，女性 22 人，年龄为 7~12 岁，平均年龄 9.5 岁。所有被试的裸眼视力或矫正视力均为正常，其中拥有利用构建类玩具进行多门游戏化课程学习经历的 34 人，接触构建类玩具课程学习活动较少的 16 人。他们作为游戏化学习的用户代表，负责对构建类玩具的材料给人留下的感性意象进行描述。

2. 实验材料

测试材料为一套含有 20 组感性词汇的 SD 调查问卷。被试利用其中与学习情境和材料质感相关的感性词汇对各门游戏化学习课程、不同的玩具材料进行精确的感性量化描述。

由于本实验研究的重点是"学习情境"，因此调查问卷中所选游戏化课程都与情境教学关联紧密。结合前期的调研情况，最终确定符合实验要求的 12 门构建类玩具教学课程（见表 4-12）。

表 4-12　12 门构建类玩具教学课程名称及编号

编号	C1	C2	C3	C4
课程名称	趣味科学	数学一起搭	玩中学 STEAM 课程	故事游戏
编号	C5	C6	C7	C8
课程名称	机器人课程	建筑/设计创意课	儿童编程	电子技术课程
编号	C9	C10	C11	C12
课程名称	动力机械课程	"像工程师一样思考"主题实践课程	3D 打印创客课程	动漫类创意实践课

根据前期的调研情况，调查问卷中设置了六种主流的构建类玩具材料（见表 4-13）。为了让所选择的材料样本具有更好的代表性，每种类型的材料都包含五个涉及不同角度、质感的样本图例，以便为被试进行材料意象描述提供详细参考。

表 4-13 材料感性意象样本

种类	材料样本
木材	
纸张	
塑料	
金属	
石材	
黏土	

研究人员通过用户访谈、市场调研、报纸网络等方式，收集与游戏化学习课程和构建类玩具材料关系紧密（且与"情境"意象有一定关联）的感性词汇并加以提炼整合，得到 20 组感性词汇，见表 4-14。这 20 组词汇作为测量被试对于不同课程、不同材料感知的依据，以反映二者在"情境"感知层面给用户留下的整体印象。调查问卷采用五点量表的形式，被试依据主观感受对相关对

象给予 1~5 分不同程度的评价（分值越小表示被试的感受越接近左边的词汇，分值越大表示被试的感受越接近右边的词汇）。

表 4-14　20 组与游戏化学习课程、构建类玩具材料相关的感性词汇

序　号	感 性 词 汇	序　号	感 性 词 汇
1	严肃的——轻松的	11	协作的——独立的
2	含蓄的——张扬的	12	经验的——探索的
3	精细的——粗糙的	13	具象的——抽象的
4	专业的——业余的	14	神秘的——公开的
5	个性的——大众的	15	丰富的——单一的
6	创新的——保守的	16	稳定的——多变的
7	理性的——感性的	17	高端的——低端的
8	现代的——传统的	18	自然的——人造的
9	复杂的——精练的	19	高雅的——通俗的
10	装饰的——质朴的	20	真实的——虚幻的

3. 实验步骤

首先，教师组被试利用调查问卷对各门课程所创设的主题情境进行感性意象上的量化描述。学生组被试围绕各种材料使人产生的感性意象进行量化描述。分别统计两组被试对调查问卷中各个项目进行评价的均值情况。

其次，在获取各门课程所含项目平均得分的基础上，利用 SPSS 软件对所有课程进行系统聚类分析，以使属于同一类别的课程之间具有较高的相似度，而不同类别的课程之间具有较强的差异性。

再次，通过计算不同课程类别中各个项目平均值，获得各课程类别的聚类中心，以便了解每一个课程类别在情境方面的感性特征。

最后，利用距离分析的方法，将各个课程类别聚类中心的相关数值分别与各种材料的感性评价的平均值做相似性分析，以了解不同类别课程与材料在情境感知层面的关联程度。

4.5.2　材料选择实验的结果分析

在对 12 门构建类玩具教学课程进行分类的过程中，根据系统聚类分析结果生成聚类表和折线图，如图 4-4 所示。将参与聚类的课程总数量减去聚类表第一列各阶段数的结果即"类别数"，设为 X 轴数值。相应每行的"系数"，也称"聚合系数"，设为 Y 轴数值。两项数值在聚类表中均以加粗字体

表示。按照 X 轴数值的升序结果在折线图中连接各坐标点，可以发现当横坐标（类别数）的数值为 3 时，折线的下降趋势骤然变缓，由此可以判断理想的分类数量为 3。

聚类表							
阶段	类别数	聚类组合		聚合系数	首次出现聚类的阶段		下一阶段
		聚类1	聚类2		聚类1	聚类2	
11	1	1	4	68.037	10	9	0
10	2	1	5	39.618	7	8	11
9	3	4	12	27.582	0	0	11
8	4	5	6	22.800	4	6	10
7	5	1	2	21.519	5	0	10
6	6	6	11	16.923	0	0	8
5	7	1	3	16.741	0	0	7
4	8	5	7	14.526	3	0	8
3	9	5	9	11.355	2	1	4
2	10	5	8	7.066	0	0	3
1	11	9	10	4.397	0	0	3

a)

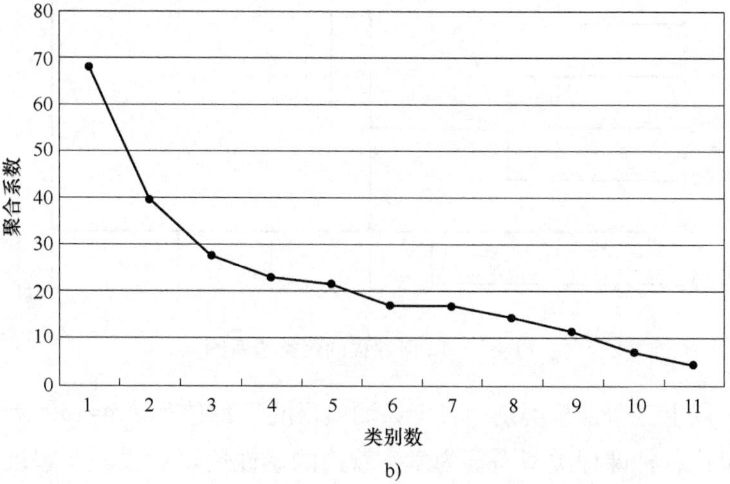

b)

图 4-4　根据 12 门课程系统聚类分析结果生成的聚类表与折线图
a）聚类表　b）折线图

在系统聚类分析的谱系图中（见图 4-5），从三个类别分支的位置进行纵向分切，按照各条脉络的分布情况，梳理出三个类别所包含的具体课程。第一类包含 C1（趣味科学）、C2（数学一起搭）、C3（玩中学 STEAM 课程），这些课程在情境化教学中涉及利用基础知识进行简单实践，因此可以将此类课程命名为"基础知识实践类课程"。第二类包含 C4（故事游戏）、C12（动漫类创意实践课）两门课程，这些课程在情境化教学中涉及人文艺术类创作实践，因此可以将此类课程命名为"人文艺术创作类课程"。第三类包含 C5（机器人课程）、C6（建筑/设计创意课）、C7（儿童编程）、C8（电子技术课程）、C9（动力机械课程）、C10（"像工程师一样思考"主题实践课程）、C11（3D 打印创客课程）七门课程，这些课程在情境化教学中都与工程技术制作主题相关，因此可以将此类课程命名为"工程技术制作类课程"。

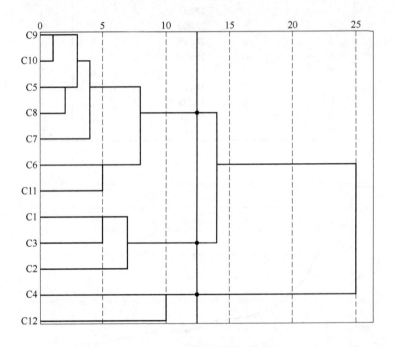

图 4-5　12 门课程的聚类谱系图

此外，以上三个课程类别中各个评测项目的平均值见表 4-15。利用这些数值，可以量化各种课程类型需要为学生营造的感性情境效果。在基础知识实践类课程中，比较明显（小于 2.5 或大于 3.5 的分值项目，下同）的情境特征为含蓄的、大众的、理性的、精练的、质朴的、抽象的、单一的、稳定的、通俗的、真实的等。在人文艺术创作类课程中，比较明显的情境特征为轻松的、张扬的、大众的、感性的、精练的、装饰的、经验的、具象的、公开的、丰富的、通俗的、虚幻的等。在工程技术制作类课程中，比较明显的情境特征为严肃的、精细的、专业的、创新的、理性的、现代的、复杂的、具象的、丰富的、高端的、人造的、真实的等。

表 4-15　三个课程类别中各个评测项目的平均值

感性词汇	基础知识实践类课程	人文艺术创作类课程	工程技术制作类课程
严肃的——轻松的	3.33	4.00	1.43
含蓄的——张扬的	2.33	5.00	2.43
精细的——粗糙的	3.00	3.50	1.86
专业的——业余的	3.00	4.00	1.29
个性的——大众的	3.67	5.00	1.71
创新的——保守的	3.33	3.50	1.86
理性的——感性的	2.33	4.50	1.86
现代的——传统的	3.33	3.50	1.29
复杂的——精练的	3.67	4.00	2.00
装饰的——质朴的	4.00	1.50	3.43
协作的——独立的	3.00	3.00	3.14
经验的——探索的	3.00	1.50	2.86
具象的——抽象的	3.67	1.50	2.14
神秘的——公开的	3.33	4.50	2.29
丰富的——单一的	3.67	1.50	2.43
稳定的——多变的	2.00	1.50	2.00
高端的——低端的	4.00	4.00	2.14
自然的——人造的	3.00	2.50	4.57
高雅的——通俗的	4.00	4.50	3.57
真实的——虚幻的	1.67	5.00	1.57

将以上平均值数据作为各集群的聚类质心，利用 SPSS 软件的距离分析功能将其与各种材料的感性评分均值（附录 D）进行相似度分析。所得结果可作为在情境感知维度上衡量构建类玩具材料与各种课程类型之间适配关系的参考。在基础知识实践类课程的应用领域，各种材料与相关课程类型的适配关系为木材＞石材＞金属＞塑料＞纸张＞黏土。在人文艺术创作类课程的应用领域，相关的适配关系为纸张＞黏土＞木材＞石材＞塑料＞金属。在工程技术制作类课程的应用领域，相关的适配关系为金属＞塑料＞石材＞木材＞纸张＞黏土。

4.5.3　关于材料选择实验的讨论

游戏化学习课程的情境创设为学习者提供了与真实任务的认知过程相类似的学习环境。作为营造游戏化学习情境的重要"道具"的构建类玩具，应当结合材料的适配规律以及与具体课程内容相关的生活经验综合考量，以选择材料。以建筑/设计创意课程为例，此课程属于工程技术制作类课程范畴。一方面，按照材料与课程类型的匹配关系，在其他条件因素相似的情况下，匹配程度高的材料会比程度低的材料更能引发用户产生与此类课程主题情境相关的联想。譬如在建筑课程学习实践领域，石材的构建类玩具（如 Teifoc DIY 玩具）一般会比同类型的木材构建类玩具带来更多接近于真实工程技术实践的情境体验，如图 4-6 所示。另一方面，在为应用于相关课程的玩具挑选材料时，应兼顾用户在具体领域中的经验或常识。譬如比石材更具工程技术感的塑料，由于在实际建筑应用领域并不易被用户所熟识，较难使用户迅速联想到工程情境，因而并不适合作为建筑主题的构建类玩具的优选材料。

图 4-6　两种不同材质的构建类玩具在工程技术制作课程中的应用
a）石材的构建类玩具　b）木材的构建类玩具

此外，随着制造技术的进步，今后构建类玩具的设计中还可以围绕"情境化"的思路采用更多新型的仿真材料，为游戏化学习者创造更多能够刺激其产生学习动机、激发其参与实践的机会。

4.6　本章小结

目前相关领域尚未明确构建类玩具外观上的特征变化对用户感官体验的影响规律，部分构建类玩具的外观辨识度偏低，用户难以在外观与游戏风格、学习情境之间产生意象上的联系。因此，本书围绕构建类玩具外观上的要素进行了系统研究并得到相应的设计规律。

主要内容如下：

1）采用专家评估法，明确了构建类玩具外观要素中的"形态""色彩"

"材料"对于辨识构建类玩具、体会游戏风格、感知学习情境这三种感官体验的关键影响，从而为通过实验手段研究具体的影响关系奠定了基础。

2）在形态辨识实验中，让用户对典型的构建类玩具模块的形态进行类别辨识以及情感信息感知，将辨识结果与设计预期进行关联比较，以研究不同模块形态与用户经验的匹配程度，从中得到视觉匹配度在 80% 以上且情感匹配相关性在 0.8 以上，与用户的认知、情感经验形成高度匹配的构建类玩具模块的形态原型。这些形态原型可作为设计具有高形体辨识度、高情感认可度的构建类玩具的重要参考。

3）在色彩定位实验中，利用统一的语义差异量表来对色彩与构建类玩具所具有的游戏风格进行感性意象方面的量化描述，以研究两者在感性意象上的关联，进而得到不同色彩的适用范围。由结果可知：以练习类游戏为主的构建类玩具偏重冷色系色彩，其适用色彩包括蓝色、绿色、紫色、蓝绿色、蓝紫色、黄色、黄绿色；以象征类游戏为主的构建类玩具偏重暖色系色彩，其适用色彩包括黄色、红色、红紫色、橙色、黄橙色、黄绿色、红橙色；以规则类游戏为主的构建类玩具偏重冷色系色彩以及中性色，其适用色彩包括蓝色、绿色、蓝绿色、紫色、蓝紫色、黑色、灰色、白色；以构建类游戏为主的构建类玩具，其色彩适用范围涉及冷色、暖色、中性色，具体包括黑色、灰色、白色、绿色、蓝绿色、黄色、蓝色、黄绿色、蓝紫色、紫色。

4）在材料选择实验中，利用统一的语义差异量表来量化描述各门游戏化课程情境与不同的玩具制作材料带给用户的感性意象，并通过分析两者在数值上的相似性，发现各种材料与不同主题的学习情境之间的意象关联程度，即各种材料与各种课程类型之间的适配关系。由结果可知：在基础知识实践类课程的应用领域，关联排序为木材＞石材＞金属＞塑料＞纸张＞黏土；在人文艺术创作类课程的应用领域，关联排序为纸张＞黏土＞木材＞石材＞塑料＞金属；在工程技术制作类课程的应用领域，关联排序为金属＞塑料＞石材＞木材＞纸张＞黏土。

5）对构建类玩具的形态、色彩、材料等外观要素进行设计的过程，所依循的设计"法则"须符合建构主义学习理论中有关知识建构的认知规律，即围绕用户自身的经验、知识，将高质量的外观设计要素作为关联新、旧知识经验的"纽带"，进而发挥支持用户更新已有知识体系，引导他们进行更深层次游戏化学习探索的作用。

第 5 章 基于操作体验的构建类玩具游戏架构与连接方式研究

在信息时代，无论是硬件产品还是软件产品，都涉及信息如何组织的问题。有效的信息组织结构为设计师提供合理的信息布局"指南"，也为用户建立信息"可访问"与"可理解"的体验途径。作为游戏化学习信息互动工具的构建类玩具，其自身所承载的知识信息需要借助合理的游戏任务结构（以下简称游戏架构）来予以组织和呈现——用户按照一系列游戏任务的布置结构来执行操作以取得相应的游戏化学习收获。然而，目前构建类玩具的设计研发中缺乏对不同类型游戏架构的可用性比较，一些产品在用户操作体验上未达到设计要求。此外，作为一种模块组合性质的产品，构建类玩具的系统模块间的连接方式也是决定其产品可用性水平的关键因素；但目前相关领域对构建类玩具主要连接方式的可用性研究较少，市面上构建类玩具的可用性水平参差不齐。因此，本章对构建类玩具的游戏架构与连接方式的可用性水平进行系统研究。首先，通过游戏架构的可用性对比实验，从有效性、效率、满意度方面研究各种类型的游戏架构对于游戏化学习的支持水平。其次，在模块连接方式的可用性对比实验中，对常见的构建类玩具连接方式进行拼装信息反馈、组合结构稳定性、组合与拆分便捷性、模块组合自由度方面的研究。

5.1 构建类玩具的游戏架构对游戏化学习的影响

在构建类玩具的模块系统中，用户可以按照自己的想法通过手动操作的方式向模块组件"输入指令"，使玩具产生造型和功能的"输出结果"，并且通过这些物理反馈来保持密切"交流"。在此互动过程中用户需掌握一定技巧，还要接受玩具带来的一系列"挑战"。这与一些经典游戏产品，如俄罗斯方块（Tetris）、"我的世界"（Minecraft）等与用户的互动过程十分相近。这些经典游戏产品除了具有吸引游戏者的外在表现形式以外，还具有合理的游戏框架（如游戏"关卡"的组织布局），合理的游戏框架是其能够广受欢迎的重要基础。同理，作为一种拥有特殊交互性质的硬件产品[一]，构建类玩具的设计人员除了需要注重对显性界面的把控之外，还需要对内在的游戏"程序"结构做出合理规划——合理的游戏架构可以充分调动构建类玩具的各个要素为游戏化学习"服务"。从设计事理学的角度来看，游戏架构本质上是对"事"的谋划，用户可以依循规范化的任务路径来执行一系列任务，以此获得预期的操作体验与学习收获。而且设计师唯有深谙游戏化学习交互过程中的"来龙去脉"，方能在对"物"的设计中做到有的放矢，进而使构建类玩具实现真正意义上的"物以致用"。

在构建类玩具的游戏架构中，知识信息的"层次化"呈现是依托与游戏架构的紧密绑定来实现的。根据相关的调研结果，目前较主流的构建类玩具基本游戏架构有三种。第一种为单线型任务结构（见图 5-1a），此种架构形式适合按部就班、循序渐进的游戏化学习。它通过固定的目标和唯一的游戏化求解途径（这和电子游戏中突破关卡的情形类似，用户需要完成不同阶段的定向任务，才能取得"通关"胜利），引导用户在与玩具的互动过程中逐步接触预设好的结构性知识信息（结构性知识包括规范的、系统的概念和原理）。例如图 5-2a 所示的 Ugears 木质机械传动模型玩具，用户只有按照操作说明逐步组装零件，才能达成唯一指定的组装目标，实现预期的认知收获。第二种为多线归一型任务结构（见图 5-1b），它的游戏起点与终点和单线型任务结构类似，即初始状态与完成结果较为明确、固定，但它提供了多条实现此目标的路径，最终形成"殊途同归"的游戏化学习效果。此结构适宜用户针对固定目标，从多角度灵活探索，用户在主动建构知识的过程中不断深化、丰富对知识的纵向理解与横向联系，并可从中领悟许多非结构性知识信息（非结构性知识包括在具体情境中所形成的、与具体情境直接关联的、不规范的、非正式的知识和经验）。例如图 5-2b 所示的 Smart Built 重力魔块轨道滚珠积木，此款玩具所支持游戏的开端

[一] 说其特殊主要是由于构建类玩具区别于目前主流的电子交互类产品，在多数情况下无须置入计算机芯片也可以实现"人机交流"。这种"低科技"的交互方式多出现在诸如算盘、燕几等传统物件上。

与结尾较为固定,即用户将滚珠从高处放入拼装轨道直至滚珠从低处出口滚落,期间滚珠的下落路线即轨道的空间布局,可由用户自行设计,用户运用重力知识,基于自身对结构的理解,可以搭建出多种造型的轨道,在实现同一游戏目标的同时深化对相关知识、技能的理解与掌握。第三种为多线开放型任务结构(见图5-1c),它可以不设置详细的目标,不规范具体的操作路径,最大限度地给予用户执行任务的自由,从而更有利于用户运用发散性思维进行游戏化创新实践。例如图5-2c所示的七巧板玩具,用户可以利用玩具组件任意拼合出1600多种图形,在此过程中用户的想象力、创造力得以充分挖掘。

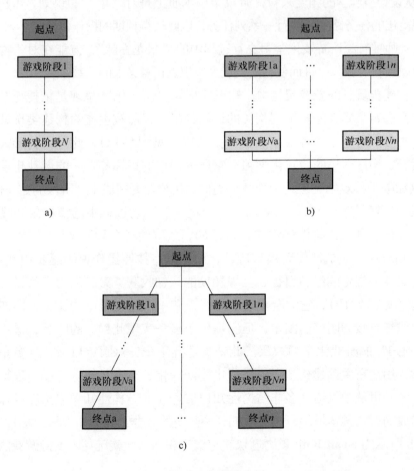

图5-1 较主流的构建类玩具基本游戏架构的三种形式
a)单线型任务结构 b)多线归一型任务结构 c)多线开放型任务结构

然而,无论是从基于建构主义学习理论的评价尺度还是从构建类玩具游戏

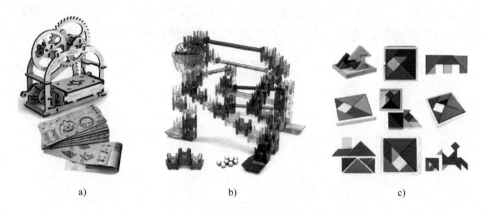

图 5-2 拥有不同游戏架构的构建类玩具
a）Ugears 本质机械传动玩具 b）Smart Built 重力魔块轨道滚珠积木 c）七巧板玩具

化学习任务的执行标准（观摩—模仿—创造—改造）来衡量这些游戏架构形式，可以发现它们都存在着一些缺陷。单线型任务结构的游戏可玩性会随着用户对游戏的熟悉而逐渐减弱，在学习拓展方面也会因为其固定的程序安排和有限的组合套路，使得用户在获取新知识、发展创造力（创造环节）和自我学习反思（改造环节）方面受到制约。在多线归一型任务结构中，由于用户在每一个游戏阶段都需要自行开展探究活动，无形中会被消耗大量的时间，增加不必要的认知负荷。对于一些用户来说，曲折的游戏过程会使他们产生抵触情绪。更为重要的是，用户所获得的知识往往较为零散，缺乏条理性，这给相关知识的系统掌握与灵活迁移造成了不小的障碍。多线开放型任务结构往往会影响必要知识信息的有效呈现，游戏化教学中有关基础知识的学习（模仿环节）难以被全面落实。这些问题给游戏化学习，特别是建构主义学习理念在构建类玩具游戏化教学实践中的应用带来了诸多不利影响。为了让构建类玩具的游戏架构形式充分适配于先进的建构主义学习理念与标准的操作流程，按照建构主义学习理论的核心要旨及使用规范对上述三种游戏架构形式进行优化整合，最终衍生出第四种游戏架构形式——建构性游戏化学习结构（见图 5-3）。此结构的特征在于可以依据游戏化教学的内容，将主要知识信息按照逻辑顺序安置在不同操作环节之中，便于用户在与玩具的交互进程中高效、系统地了解一系列基础性知识。对于一些重要的知识，此结构提供了多元的游戏化学习路径，有助于用户在多角度探究的过程中加强对重要知识的全面理解。此结构还为完成了基本操作的学有余力的高阶段用户提供了自由创造的空间，用户可以在已完成的基础成果上进行更具个性化的操作实践；这在增强游戏可玩性的同时，也锻炼了用户的想象力与创造力，全面提升了构建类玩具游戏化学习操作体验的品质。

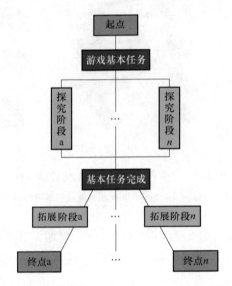

图 5-3　建构性游戏化学习结构

以上仅从理论层面提出构建类玩具游戏架构的理想形式，要将其应用于设计实践领域，还需要进一步借助实验手段检验此结构的科学性与可行性。

5.2　实验1：针对构建类玩具游戏架构的可用性对比实验

构建类玩具作为一种具有信息交互功能的产品，它需要布局合理的游戏架构来支持其发挥功用。以往关于构建类玩具的设计研究，大多聚焦在外在的物理结构层面，鲜有从人机交互、系统分析的角度来发掘内在任务组织结构价值的。合理的游戏架构不仅可以全面支持游戏化学习的高效开展，而且可以深层次指导构建类玩具设计的理性实施。本实验采用观测与问卷调查相结合的方式，对上节四种构建类玩具的游戏架构进行有效性、效率、满意度方面的可用性对比测试，以此探讨不同类型的构建类玩具的游戏架构支持游戏化学习的水平。

5.2.1　游戏架构的可用性对比实验的方法

本实验围绕相关课程内容，让各组被试在不同游戏架构的作用下利用同款构建类玩具进行特定模式的游戏化学习。通过现场观察以及操作结束后的问卷调查对被试的主观操作体验及客观学习成效进行多项检验，利用数据分析掌握构建类玩具的各种游戏架构形式在可用性方面的表现情况。

1. 实验对象

本实验以在普通小学就读的 7~12 岁适龄儿童作为研究对象，共计 102 人。将其分为 4 组，分别为单线型任务组、多线归一型任务组、多线开放型任务组、建构性游戏化学习任务组。单线型任务组共 25 人，其中男性 13 人，女性 12 人。多线归一型任务组共 23 人，其中男性 10 人，女性 13 人。多线开放型任务组共 26 人，其中男性 15 人，女性 11 人。建构性游戏化学习任务组共 28 人，其中男性 16 人，女性 12 人。相同年龄阶段的被试，其学习能力相当，所接受的课程教育基本一致；各组被试都具有一定的构建类玩具拼装经验。

（1）年龄结构　本实验按照不同年龄的被试在各年级的分布情况，可划分为 3 个年龄段：7~8 岁为低年级，9~10 岁为中年级，11~12 岁为高年级。各实验组被试的年龄结构为：单线型任务组平均年龄 9.5 岁，其中低年级 8 人，中年级 9 人，高年级 8 人。多线归一型任务组平均年龄 9.5 岁，其中低年级 7 人，中年级 8 人，高年级 8 人。多线开放型任务组平均年龄 9.5 岁，其中低年级 9 人，中年级 9 人，高年级 8 人。建构性游戏化学习任务组平均年龄 9.5 岁，其中低年级 8 人，中年级 11 人，高年级 9 人。各组的年龄分布如图 5-4 所示。

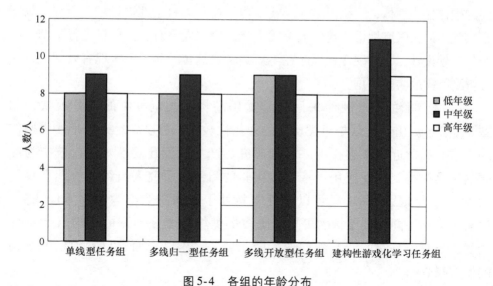

图 5-4　各组的年龄分布

（2）基础水平　基础水平包括认知能力与前期知识储备两个方面的内容。

各个实验组被试的基础水平是否相同将对实验结果的有效性产生影响。为了减小实验误差，进行如下两方面工作。一方面在实验前对各组被试的平时成绩进行收集，通过统计发现组内与组间相同年龄段被试的得分情况均处于中等水平，不呈现统计学上有意义的差异。结合不同年龄段被试所接受课程教育的复杂程度（年级越高，课程相对越复杂，对学习者认知能力的要求也会相应提高）可以得知，处于相同年龄段的被试的认知能力基本一致，而在不同年龄阶段之间，高年级被试的认知能力整体优于低年级被试。另一方面，围绕本次实验的教学内容对被试进行知识点考察，发现他们在实验前对此课程所涉及知识的了解均甚少，对于关键知识的掌握更是处于"零认知"的状态。

（3）操作水平　为了能够让所有被试的操作水平都符合实验要求，在实验前研究人员让所有被试对实验道具（乐高玩具）进行试操作。通过观察发现：大部分被试的操作能力相当，处于中等水平；小部分人的操作能力较强或较弱。对于操作能力未达标者，由专业教师对其进行"一对一"培训。最终所有被试的操作水平都能够达到实验要求。

2. 实验材料

本实验所用材料包括游戏操作材料、课程学习材料、问卷调查材料。

（1）游戏操作材料　构建类玩具拥有和某些电子游戏类似的交互特质——在大多数构建类玩具身上也融合着"硬件"和"程序"两类元素。本实验以必要的硬件作为载体，围绕程序（游戏架构形式）的科学性进行相关研究。为了在实验中最大限度地排除其他因素的干扰，研究人员对实验材料进行了精心挑选与巧妙设计，以使硬件和程序在不影响游戏运转的前提下实现有效区隔，从而得到所需的实验数据。

1）本实验的游戏硬件采用基础款乐高构建类玩具中的部分模块，如图5-5所示。由于此款构建类玩具的通用性较佳，可以满足许多个性化操作的需求，因此近年来它在国外科学研究、产品原型开发等领域，被作为理想的工具而得到广泛应用。基于本实验的目的，研究人员经过前期观察测试发现，基础款乐高玩具可以全面支持处于不同游戏架构中的操作任务，这有利于为不同游戏架构的可用性比较提供相对"公平"的环境（大部分构建类玩具所具有的游戏架构形式较为单一，难以全面支持不同任务结构的游戏操作）。

2）本实验的程序材料是依据构建类玩具游戏架构的类型特征所编写的四种操作指南（它可看作是四种游戏架构的外化形式），详见附录E。这四种操作指

图 5-5　应用于游戏化学习的乐高构建类玩具模块

南如软件程序一般赋予相同的硬件材料（乐高玩具）不同的任务执行空间，并引导被试在相应的体验"渠道"中获得特定的游戏化学习体验。它们分别为：单线型任务操作指南（此指南采用图文方式，展现完整、明确的任务主题、操作步骤和操作目标）、多线归一型任务操作指南（此指南提供最终操作目标的图文信息）、多线开放型任务操作指南（此指南仅提供任务主题）、建构性游戏化学习任务操作指南（此指南提供部分基础性操作步骤与操作目标信息）。各种游戏架构下任务操作指南的内容特征见表 5-1。

表 5-1　各种游戏架构下任务操作指南的内容特征

类　　　型	任务主题	操作步骤	操作目标
单线型任务操作指南	●	●	●
多线归一型任务操作指南	●	—	●
多线开放型任务操作指南	●	—	—
建构性游戏化学习任务指南	●	◐	◐

注：● 表示含有相关内容，◐ 表示含有部分相关内容，— 表示不含相关内容。

需要强调的是，在多数情况下，构建类玩具游戏程序的正常运转是建立在自身所携带的信息线索被用户正确识读的基础之上的，例如一些构建类玩具会利用自身的物理结构或符号语意来暗示、引导、规范用户执行预先设置的程序性任务。鉴于被试的认知能力、文化水平相对偏低，为了避免被试因信息未读、误读而对实验进度产生的影响，本实验最终选择简单易懂的"操作指南"作为外显化的程序材料。

（2）课程学习材料　本实验在课程学习材料的选择上，经过与多位游戏化学习领域的专家、教师商讨，最终以具有科普意义和文化审美内涵的桥梁建造方面的基础知识作为课程学习内容，结合构建类玩具的使用流程及目标定位，进行课程设计。

"桥梁建造"游戏化学习课程的课程设计

授课主题： 桥梁建造

课时计划： 2 课时

教学重点： 学生在构建类玩具特定游戏架构的引导下进行操作，建造图 5-6 所示的桥梁，既要掌握应知应会的基础知识，也要通过自主意义建构的方式探究出一些其他知识。

教学难点： 使学生在游戏化学习中获得满意的"心流"体验。

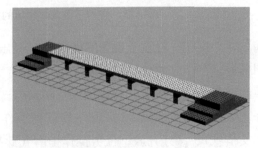

图 5-6　应用构建类玩具建造桥梁模型效果图

游戏化学习目标：

1）了解常见桥梁的基本建造流程：

桥台→桥墩→支座→桥跨。

2）了解桥梁主要部件的作用：

桥台——连接两端道路、稳定；桥墩——承重；支座——传力与适应变位；桥跨——跨越与承重。

3）了解桥梁的主要类型：

梁桥、浮桥、索桥、拱桥。

4）了解各类桥梁的应用环境：

梁桥—应用较广；浮桥—适用于河面过宽及河水过深；索桥—适用于陡岸险谷；拱桥—应用较广，适用于园林、乡村等环境。

5）将学习内容运用于构建类游戏中，利用构建类玩具模块搭建桥梁模型。

（3）调查材料　在游戏化学习环境中构建类玩具游戏架构的可用性评价标准建立在有效性、效率、满意度三个维度之上，具体涉及用户的游戏执行水平和掌握知识的数量、单位时间内所掌握的知识数量、对游戏操作过程中各项体验，如心流、动机、情境、协作等的满意程度等指标，见表 5-2。由于其中外显指标（游戏执行水平、执行任务的耗时）的测量数据是通过观察统计来获得，此调查材料主要是通过问卷与量表相结合的方式，来集中考察构建类玩具的各种游戏架构形式对于被试内部认知所产生的影响,详见附录 F。

表 5-2　构建类玩具游戏架构的可用性评价标准

评 价 维 度	具体评价指标	数据采集方式
有效性	游戏执行水平、掌握知识的数量	问卷 + 观察统计
效率	单位时间内所掌握的知识数量(执行任务耗时等)	问卷 + 观察统计
满意度	对游戏操作过程中各项体验(如心流、动机、情境、协作)的满意程度	量表

问卷主要用于调查被试的学习效果(掌握各类知识的情况),由封闭式问题、开放式问题、后续性问题三种题型构成,以便获得全面、翔实的数据信息。量表重在反映被试的满意度水平。由于心流是一种重要的体验状态,有研究表明"心流与生活、工作满意度呈高度正相关",当前许多与游戏化学习满意度相关的调查都将其作为关键参考因素,因此本实验设计量表的过程中将 Rheinberg 的心流简易量表(Cronbach's Alpha 系数为 0.9,信度较高)作为基础,结合针对特定动机、情境、协作关系的满意度测评内容,形成了一套包含 17 道题目的测试材料。

3. 实验程序

第一步,被试观看包含桥梁知识与使用乐高玩具搭建桥梁的教学视频。视频对桥梁建造的基本流程、主要部件的作用、主要类型与应用环境等方面的知识做了简要介绍,使被试在操作前能获得一定的知识铺垫。

第二步,各实验组被试在相应的构建类玩具游戏架构的作用下执行有关模仿、创造、改造方面的游戏操作任务。实验人员对被试完成各项任务的情况进行图像和文字记录。

第三步,在完成游戏操作任务后,随即要求被试在现场填写"构建类玩具游戏架构的可用性调查表"。在此过程中,儿童语言教育老师与实验人员共同协助中、低年级被试完成调查材料的填写工作,确保填写内容的真实与准确。

第四步,在被试填答完毕后,回收调查表,并组织专业评委依据模仿程度、创造效果、改造水平的标准对各被试操作构建类玩具的成果进行质量等级评价。

5.2.2　游戏架构的可用性对比实验的结果分析

本实验针对被试的数据收集率为 100%,有效率为 100%。围绕"构建类玩具服务于游戏化学习"的使用定位,下面分别从有效性、使用效率、满意度三个维度来对构建类玩具游戏架构的可用性测试结果进行系统分析。

1. 游戏架构的有效性分析

根据国际标准 ISO 9241-11：2018《人与系统相互作用的人类工效学 第 11 部分：可用性 定义和概念》中的定义,有效性（Effectiveness）是指用户使用系统完成各种任务所达到的精度（Accuracy）和完整性（Completeness）。本实验中与游戏架构有效性相关的因素体现在"游戏化学习任务的执行程度""知识掌握的成效"两个维度上。"游戏化学习任务的执行程度"主要通过现场观察与记录的方式,了解各实验组被试能否全面执行操作任务,以及这些任务的完成质量,进而对被试在不同游戏架构中的任务可达精度与广度有所掌握。综合实验观察所得的数据以及专业评委对成果的评价情况可知,建构性游戏化学习任务组整体的任务执行效果最为理想（见表5-3）。

表5-3 各实验组在游戏化学习中的整体任务执行效果

组　　别	模　仿	创　造	改　造
单线型任务组	优秀	未及格	未及格
多线归一型任务组	及格	及格	未及格
多线开放型任务组	未及格	良好	未及格
建构性游戏化学习任务组	良好	优秀	优秀

下面分别从组间、组内两个角度对相关数据进行分析。

（1）各个实验组（组间）针对不同操作任务的整体执行情况 在"模仿"任务单元,单线型任务组被试在操作玩具的过程与结果上普遍与所参考的对象保持高度一致。建构性游戏化学习任务组的被试在基本任务阶段的拼装效果与多线归一型任务组属于同一水准,即在整体外形上都能大致接近原型（由于在拼装过程中未指定具体的组合模块,因此作品的局部造型与原型会存在一定差异）,但因其在任务操作过程中能够有条件地对桥梁的制作步骤进行模仿,因而比多线归一型任务组更胜一筹。多线开放型任务组在缺乏具体参考"模板"支持的情况下,未能有效执行"模仿"任务。在"创造"任务单元,建构性游戏化学习任务组整体获得的效果出众,大多数评价人员认为较之其他实验组,建构性游戏化学习任务组的创造过程具有较为明确的逻辑性、目的性,其创造成果是建立在一定的科学理性基础之上的,容易被大众理解与接受。多线开放型任务组以及多线归一型任务组的被试虽然同样利用发散性思维进行创造实践,但囿于缺乏必要程序的引导，其创造效果不太理想。此外，受到相关游戏架构的影响，单线型任务组的被试难以在限定的任务空间中进行创造实践。在"改造"任务单元，建构性游戏化学习任务组得益于所执行的游戏架构中的任务结构设置，即被试能够"根据特定环境条件对基础成果进行改造"，该任务组的最终成果被一致认为最具意义。其他三组均未能将所执行的任务拓展至"改造"领域。

（2）各实验组内部（组内）不同年龄阶段的被试执行任务的情况　如图5-7所示，在单线型任务组中，由于相关操作内容未涉及"创造""改造"，因而对于单线型任务组内情况的分析是聚焦在"模仿"层面的。该组低年级被试的整体评价为"良好"，中、高年级被试的评价为"优秀"。这种情况可能是由于中、高年级被试对游戏架构中信息的理解普遍比低年级被试要好。在多线归一型任务组中，涉及"模仿""创造"。在"模仿"层面，中、低年级被试的表现均为"及格"，高年级被试的表现为"良好"。在"创造"层面，低年级被试的表现均为"不及格"，中、高年级被试的表现为"及格"。由此可见，在游戏架构中仅提供目标，而没有"路径导航"的协助，任何年龄段的被试想要高质量完成任务都绝非易事。在多线开放型任务组中，被试的操作任务仅涉及"创造"。其中，低年级被试的表现为"及格"，中、高年级被试的表现为"良好"。这种情况可能是由于中、高年级被试自身的知识储备、认知能力相对较高，他们更能够利用游戏架构来进行丰富的创造。在建构性游戏化学习任务组中，"模仿"任务的执行情况为高年级"优秀"，中、低年级"良好"；此结果

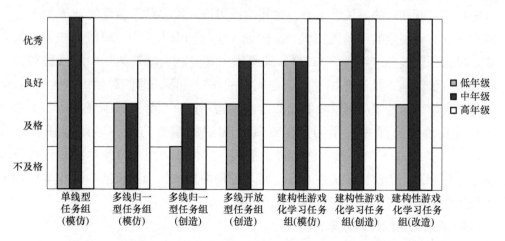

图5-7　各实验组内部（组内）不同年龄阶段的被试执行任务的情况

可以说明在各年龄阶段被试均有尚佳发挥的情形下，高年级被试在此游戏架构中的模仿可以执行得更加深入、到位。"创造"任务的执行情况为中、高年级"优秀"，低年级"良好"；此结果可以反映建构性游戏化学习结构较适宜引导各年龄阶段被试开展创造类型的任务。"改造"任务的执行情况为中、高年级"优秀"，低年级"及格"；此结果表明改造任务的执行效果与被试的知识、经验、动手能力紧密相联，建构性游戏化学习架构更加适合中、高年级被试进行"改造"操作。

本实验与游戏架构有效性相关的另一个因素为"知识掌握的成效"，其主要表现为各实验组获得各项课程知识的人数比例。为了得到真实、客观的实验数据，实验人员在调查材料中通过让被试简要陈述所获知识内容的方式，确保相关数据能够真实反映出被试掌握知识的情况。各组掌握相关知识的人数比例统计数据如图5-8所示。建构性游戏化学习任务组对于各项知识的掌握水平都位居"榜首"，其中组内有86%的被试掌握了知识点1（桥梁建造的基本流程），掌握知识点2（桥梁主要部件的作用）的被试占82%，掌握知识点3（桥梁的主要类型）的被试占86%，掌握知识点4（不同类型桥梁的建造条件）的被试占82%，掌握其他知识的被试占89%。除了以上这些"理想数据"可以凸显相关游戏架构的价值以外，一些"不理想的数据"同样可以为设计研究提供经验：在知识点1与知识点2中，多线开放型任务组的比例最低（27%、46%），其原因主要在于相应的游戏架构缺乏必要的过程引导以及明确的目标导向——游戏架构的自由度过大致使被试无所适从，并且被试对于知识的获取比较随机，所获知识的系统性不强，这些情况可以表明多线开放型游戏架构不适宜用来学习较规范的结构性知识。在知识点3与知识点4中，单线型任务组的知识掌握程度最低（40%、32%），其原因主要是相关游戏架构中的过程与目标设置过于单一，被试在相关知识空间中的探究受限，他们对知识产生片面、僵化的理解。这些情况可以表明此类游戏架构不适宜引导被试围绕某些知识主题开展多角度的探究式学习。在对其他知识的掌握方面，单线型任务组（12%）、多线归一型任务组（43%）、多线开放型任务组（31%）的知识收获都不甚理想，此情况反映出在游戏化学习过程中形式拘谨或松散的游戏架构都不利于刺激、引导被试发现与建构新的知识。

2. 游戏架构的使用效率分析

使用效率（User Efficiency），是指用户按照精度和完整度完成任务所耗费的资源，资源包括智力、体力、时间、材料或经济资源，此处主要表现为取得

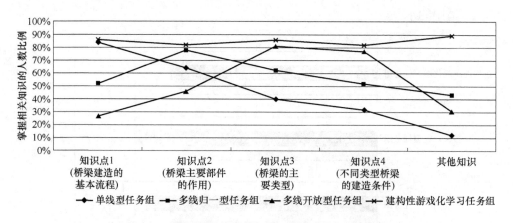

图5-8 各组掌握相关知识的人数比例统计数据图

的有效知识数量与所用时间的比值关系。由于前文已对各组掌握有效知识的情况进行了介绍，因此有必要在分析各个游戏架构的使用效率前，对工作用时情况进行说明。本实验统一以课时（小学阶段每一课时40min）作为计量标准，通过对"任务耗时"（由于游戏化学习各个环节之间的关系密切，因此在对任务时间进行统计时，应从整体角度出发将观摩和操作任务所用时间一并纳入其内，教学视频观摩时间为0.5课时）平均值的计算，得到图5-9的统计结果。单线型任务组被试结束任务的平均时间最短（1.2课时），多线归一型任务组平均耗时最长（1.9课时），多线开放型任务组和建构性游戏化学习任务组的平均耗时同处于中等水平（1.7课时）。结合之前对各个游戏架构有效性的分析可以了解：单线型任务组之所以能够快速结束游戏化学习任务，是由于其信息架构中复杂程序较少，游戏难度较低；多线归一型任务组的被试需要围绕目标自行摸索，因此在不断尝试的过程中时间被大量消耗；多线开放型任务组的被试受到游戏架构中目标与程序因素影响最小，被试在构建类玩具操作过程中不仅可以在一定范围内按照自己的意愿设定具体操作目标，还可以根据游戏过程中难度的变化实时调整目标，以此实现对游戏时长的灵活控制。较之于单线型任务组和多线归一型任务组在游戏化学习时间上的"被动接受"，多线开放型任务组这种被试自主调控所产生的结果（1.7课时）可以从一定侧面反映出被试所认可的理想游戏时长的标准。建构性游戏化学习任务组所执行的游戏架构会对一些容易操作的内容采用提高难度的方式以增强其可玩性，而对于较难操作的内容则会添加辅助引导，帮被试克服挑战，以使游戏保持一定的流畅性。因此在这种难度设置较均衡的游戏架构中，被试执行相关任务所用时间也会处于一个相对适中的水平。

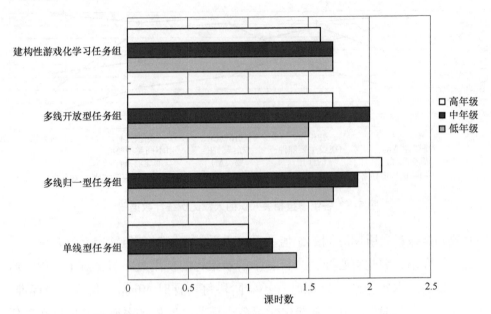

图 5-9　各组完成游戏化学习任务的平均用时情况

鉴于效率分析旨在对各实验组所执行游戏化学习任务的组织架构进行效率高低的比较，以此作为判断最佳游戏架构的依据，因此可以通过计算各实验组在单位课时内所掌握有效知识的数量来得出结论。相关计算公式为

使用效率 = 实验组掌握的有效知识数量/实验组进行游戏化学习所用课时数

式中，实验组掌握的有效知识数量包含掌握的知识点 1~4 以及其他知识。实验组进行游戏化学习所用课时数是利用各实验组完成游戏化学习的平均耗时与各组被试数量的乘积来获得。经过计算得到各实验组利用相应的游戏架构掌握知识的使用效率情况（见表 5-4），结果表明四种游戏架构形式在游戏化学习中的使用效率依次为：建构性游戏化学习结构 > 单线型任务结构 > 多线开放型任务结构 > 多线归一型任务结构。

表 5-4　各实验组利用相应的游戏架构掌握知识的使用效率情况

组　别	单线型任务组	多线归一型任务组	多线开放型任务组	建构性游戏化学习任务组
使用效率（知识数量/课时）	2	1.6	1.7	2.7

3. 游戏架构的满意度分析

满意度（Satisfaction）是指用户使用该系统的主观反应，它描述了用户使用产品的舒适度和认可程度。本实验对游戏架构的满意度评价采用量表评分的方式，整体涉及心流、动机、情境、协作四个方面的内容。为了对本次的测量结果进行更有针对性的归纳、分析，心流方面的题目以 Csikszentmihalay 的心流形成因素的理论为基础，采用七个评价维度，即挑战与技能的平衡、行为与意识的融合、即时的反馈、专注于活动本身的价值、忽略时间的流逝、操作流畅、无惧困难。相关可靠性检验的结果（其中对 Q11～Q13 题进行反向计分处理）显示，Cronbach's Alpha 系数为 0.8，这表明本实验使用的问卷具有良好的信度。在内容效度方面，根据先前专家所反馈的意见对问卷题项进行部分调整，其设计合理性得到了业内专家的认可。以下是利用 SPSS 软件对分属不同评价维度的各题项测量数据进行单因素方差分析的结果。

（1）挑战与技能的平衡　问卷的第 1 题（Q1）考察在游戏化学习中，任务挑战与操作者技能的平衡情况，此为诱发心流体验的前提条件之一。根据数据结果（见表5-5），建构性游戏化学习任务组的均值最高，多线归一型任务组的均值最低，各组间在统计学上呈现显著差异（$P < 0.05$）。因此可以看出，建构性游戏化学习组在挑战与技能的平衡这一维度上获得的满意体验最多，相关游戏架构给予被试的操作难度适中，不会让被试觉得过于简单或者困难。

表5-5　挑战与技能的平衡

题目	组别	n	$\bar{x} \pm s$	F	P
Q1	单线型任务组	25	4.00 ± 0.71	3.69	0.03
	多线归一型任务组	23	3.80 ± 1.48		
	多线开放型任务组	26	4.17 ± 1.17		
	建构性游戏化学习任务组	28	5.83 ± 1.17		

（2）行为与意识的融合　问卷的第 5 题（Q5）考察在游戏化学习中，操作者的行为与意识之间的密切配合程度。根据数据结果（见表5-6），单线型任务组的均值最高，虽然整体上组间存在显著差异，但在对具体各组数据的多重比较中发现，单线型任务组与建构性游戏化学习任务组间并无显著性差异（$P = 0.32$）。因此可以认为在行为与意识的融合方面，单线型任务组和建构性游戏化学习任务组所应用的游戏架构都较为理想，而且未产生明显差距。

表5-6 行为与意识的融合

题目	组别	n	$\bar{x} \pm s$	F	P
Q5	单线型任务组	25	6.80 ± 0.45	3.34	<0.01
	多线归一型任务组	23	5.60 ± 0.89		
	多线开放型任务组	26	4.17 ± 0.75		
	建构性游戏化学习任务组	28	6.33 ± 0.82		

（3）即时的反馈　问卷的第8题（Q8）、第9题（Q9）考察在游戏化学习中，操作者与游戏保持实时互动的效果。根据数据结果（见表5-7），单线型任务组的均值在两题中都是最高的，但在对各组数据的多重比较中发现，单线型任务组与建构性游戏化学习任务组间无显著性差异（Q8中相关组间$P=0.14$，Q9中相关组间$P=0.13$）。因此可以认为单线型任务组和建构性游戏化学习任务组所应用的游戏架构都可以及时提供给被试清晰的目标和即时的反馈，被试的操作反应良好，而且未产生明显差距。

表5-7 即时的反馈

题目	组别	n	$\bar{x} \pm s$	F	P
Q8	单线型任务组	25	6.80 ± 0.45	30.13	<0.01
	多线归一型任务组	23	5.20 ± 0.45		
	多线开放型任务组	26	3.33 ± 0.82		
	建构性游戏化学习任务组	28	6.17 ± 0.75		
Q9	单线型任务组	25	6.60 ± 0.55	7.56	<0.01
	多线归一型任务组	23	4.20 ± 0.84		
	多线开放型任务组	26	5.33 ± 1.03		
	建构性游戏化学习任务组	28	5.83 ± 0.75		

（4）专注于活动本身的价值　问卷的第4题（Q4）、第6题（Q6）、第10题（Q10）考察操作者对于游戏化学习任务的专注程度。根据数据结果（见表5-8），在不同的题项中各组之间均无显著性差异（$P>0.05$）。因此可以认为不同游戏架构中的被试都能够被相关的游戏化学习任务所吸引，四种游戏架构在此方面的效果接近。

表 5-8 专注于活动本身价值

题 目	组 别	n	$\bar{x} \pm s$	F	P
Q4	单线型任务组	25	6.60 ± 0.55	1.18	0.35
	多线归一型任务组	23	6.20 ± 0.45		
	多线开放型任务组	26	5.83 ± 0.98		
	建构性游戏化学习任务组	28	6.50 ± 0.84		
Q6	单线型任务组	25	6.60 ± 0.55	1.15	0.36
	多线归一型任务组	23	6.00 ± 0.71		
	多线开放型任务组	26	6.00 ± 0.63		
	建构性游戏化学习任务组	28	6.50 ± 0.84		
Q10	单线型任务组	25	6.60 ± 0.55	2.28	0.11
	多线归一型任务组	23	6.00 ± 0.71		
	多线开放型任务组	26	6.00 ± 0.89		
	建构性游戏化学习任务组	28	6.83 ± 0.41		

（5）忽略时间的流逝 问卷的第3题（Q3）考察操作者在执行游戏化学习任务时对于时间的感知情况。这是心流体验的重要表现形式之一，它也可以看作是对操作者专注程度的检验（心流理论认为人处于心流状态时，高度的专注往往会使其意识不到时间的流逝）。根据数据结果（见表5-9），建构性游戏化学习任务组均值最高，虽然整体上组间存在显著差异，但在对具体各组数据的多重比较中发现，单线型任务组与建构性游戏化学习任务组间并无显著性差异（$P=0.13$）。因而表明单线型任务组和建构性游戏化学习任务组被试在相关游戏架构的引导下，都可以全身心投入相关游戏化学习任务之中。

表 5-9 忽略时间的流逝

题 目	组 别	n	$\bar{x} \pm s$	F	P
Q3	单线型任务组	25	6.00 ± 1.00	32.64	<0.01
	多线归一型任务组	23	4.60 ± 0.55		
	多线开放型任务组	26	3.00 ± 0.63		
	建构性游戏化学习任务组	28	6.67 ± 0.52		

（6）操作流畅 问卷的第2题（Q2）、第7题（Q7）考察操作者在执行游戏化学习任务时的流畅情况。这也是心流体验的重要表现形式之一。根据数据结果（见表5-10），操作流畅效果最优（均值最高且得分差异幅度最小）的组别为单线型任务组，建构性游戏化学习任务组次之。因此可以认为单线型任务

组所使用的游戏架构最能够保持游戏的顺利进行。

表 5-10 操作流畅

题目	组别	n	$\bar{x} \pm s$	F	P
Q2	单线型任务组	25	6.60 ± 0.55	14.08	<0.01
	多线归一型任务组	23	3.80 ± 0.84		
	多线开放型任务组	26	4.00 ± 1.10		
	建构性游戏化学习任务组	28	5.83 ± 0.75		
Q7	单线型任务组	25	6.80 ± 0.45	7.48	<0.01
	多线归一型任务组	23	5.00 ± 0.71		
	多线开放型任务组	26	5.33 ± 0.52		
	建构性游戏化学习任务组	28	5.67 ± 0.82		

（7）无惧困难 问卷的第 11 题（Q11）、第 12 题（Q12）、第 13 题（Q13）考察操作者在执行游戏化学习任务过程中，面对困难的态度。这三道题为反向评分题，即需要对原始得分进行反向计分处理。从表 5-11 的数据可以看出：Q11 所反映的对于焦虑的控制情况为单线型任务组 > 多线开放型任务组 > 建构性游戏化学习任务组 > 多线归一型任务组，其中单线型任务组的效果最理想；Q12 所反映的面对错误发生时的态度，其优劣顺序为多线开放型任务组 > 单线型任务组 > 建构性游戏化学习任务组 > 多线归一型任务组；Q13 所反映的面对失败的态度，其优劣顺序是多线开放型任务组 > 建构性游戏化学习任务组 > 单线型任务组 > 多线归一型任务组。因此可以认为：单线型任务组被试在相关游戏架构的作用下，产生焦虑的状况最少；多线开放型任务组被试在相关游戏架构的引导下，面对错误、失败时在正面积极心态保持方面最佳。

表 5-11 无惧困难

题目	组别	n	$\bar{x} \pm s$	F	P
Q11	单线型任务组	25	6.20 ± 0.84	42.31	<0.01
	多线型归一型任务组	23	1.40 ± 0.55		
	多线开放型任务组	26	4.83 ± 0.75		
	建构性游戏化学习任务组	28	2.67 ± 0.82		
Q12	单线型任务组	25	3.80 ± 0.84	26.29	<0.01
	多线归一型任务组	23	1.80 ± 0.84		
	多线开放型任务组	26	5.83 ± 0.75		
	建构性游戏化学习任务组	28	2.67 ± 0.82		

（续）

题目	组别	n	$\bar{x} \pm s$	F	P
Q13	单线型任务组	25	2.60 ± 1.14	18.68	<0.01
	多线归一型任务组	23	1.60 ± 0.89		
	多线开放型任务组	26	5.83 ± 1.17		
	建构性游戏化学习任务组	28	4.33 ± 0.82		

注：表中数据均为经过反向计分处理后生成的数据。

（8）动机 问卷的第 14 题（Q14）、第 15 题（Q15）考察操作者的游戏化学习动机的形成与保持状况。根据数据结果（见表 5-12），建构性游戏化学习任务组的效果最佳。结合对各组数据的多重比较发现，建构性游戏化学习任务组、单线型任务组、多线归一型任务组被试对于各自任务中有关游戏与知识的紧密关系都能形成高度共识（Q14 中相关组间的 P 值均为 0.25），并且建构性游戏化学习任务组能够较好地形成与保持游戏化学习动机。因此可以认为这些实验组所应用的游戏架构有利于游戏化学习动机的形成，其中对此动机保持最好的是建构性游戏化学习任务组。

表 5-12 动机

题目	组别	n	$\bar{x} \pm s$	F	P
Q14	单线型任务组	25	5.80 ± 0.84	9.67	<0.01
	多线归一型任务组	23	5.80 ± 0.45		
	多线开放型任务组	26	4.17 ± 0.75		
	建构性游戏化学习任务组	28	6.33 ± 0.82		
Q15	单线型任务组	25	5.20 ± 0.45	9.19	<0.01
	多线归一型任务组	23	5.20 ± 1.10		
	多线开放型任务组	26	3.83 ± 1.17		
	建构性游戏化学习任务组	28	6.50 ± 0.55		

（9）情境 问卷的第 16 题（Q16）考察游戏化学习情境的营造效果。根据数据结果（见表 5-13），建构性游戏化学习任务组的情境体验效果最佳。结合对各组数据的多重比较发现，建构性游戏化学习任务组与单线型任务组在情境体验方面并无显著性差异（$P = 0.89$）。因此可以认为建构性游戏化学习任务组与单线型任务组所应用的游戏架构都可以使被试产生理想的游戏化学习情境。

表 5-13　情境

题目	组别	n	$\bar{x} \pm s$	F	P
Q16	单线型任务组	25	6.40 ± 0.89	3.98	0.02
	多线归一型任务组	23	4.80 ± 1.10		
	多线开放型任务组	26	4.67 ± 1.75		
	建构性游戏化学习任务组	28	6.50 ± 0.55		

（10）协作　问卷的第 17 题（Q17）考察相关游戏架构对于协作关系建立的支持水平。根据数据结果（见表 5-14），建构性游戏化学习任务组的均值最高，结合对各组数据的多重比较发现，建构性游戏化学习任务组与单线型任务组在协作效果体验方面并无显著性差异（$P=0.61$）。因此可以认为建构性游戏化学习任务组与单线型任务组所执行的游戏架构可以更好地支持、促进协作关系的建立。

表 5-14　协作

题目	组别	n	$\bar{x} \pm s$	F	P
Q17	单线型任务组	25	6.40 ± 0.55	28.02	< 0.01
	多线归一型任务组	23	4.80 ± 0.84		
	多线开放型任务组	26	2.67 ± 1.21		
	建构性游戏化学习任务组	28	6.67 ± 0.52		

基于各组对围绕"满意度"的 10 个评价方面的反馈，建构性游戏化学习任务组与单线任务组的整体满意度相当，且明显高于多线归一任务组与多线开放任务组。此外，由于建构性游戏化学习任务组所执行的任务相对复杂，评价标准也较严格，部分被试在任务执行过程中不免感受到了一些压力，但依据维果茨基（Lev Vygotsky）所提出的"最近发展区"的理论观点，在不影响整体体验效果的状况下，适当的难度既可以增强任务的挑战性（此处意指可玩性、探索性），也有助于激发参与者发挥潜能，进而实现其在知识、技能方面的突破。

5.2.3　关于游戏架构的可用性对比实验的讨论

本实验从有效性、效率、满意度三个维度对游戏架构的可用性进行了测试，充分验证了建构性游戏化学习结构这一游戏架构形式可以引导用户收获理想的操作体验，并且在同等条件下其可用性效果优于其他三种架构形式。因此，在为游戏化学习量身设计构建类玩具时，设计人员可以参考相关游戏架构的设置标准，主要考虑以下几点：①操作目标分层。建构性游戏化学习结构的架构形式既有助于单个用户循序渐进地执行任务,也有利于不同水平的用户根据自身情况选择合适的内容,以实现挑战与技能的平衡。在构建类玩具的概念设计阶段可采用操作目标分层的思路来明确玩具拼装的局部性和最终整体性拼装效果。具体可以利用预设用途、物理结构、语意、文化和逻辑等引导因素对构建类玩具进行合理设计,以此帮助用户明确拼装的目标。另外,设计人员要不断寻找玩具的目标"挑战"与用户的个人"技能"之间的多个平衡点,并将其合理融入构建类玩具的设计之中。②操作任务与知识的绑定。每项操作任务都可以负载相关知识点,用户通过游戏娱乐与知识探究相互交叠的方式,来保持游戏化学习的动机。对于一些重要的知识点,可以在游戏操作设置上给予充分"强调"。在构建类玩具设计过程中,需要通过对玩具物质层面的巧妙设计使用户产生预期的操作行为,进而引导用户在操作中领悟并掌握相关的知识、技能。③提供即时、有价值的反馈。在操作任务执行过程中,清晰的信息反馈可以帮助用户实时判断操作是否正确,有利于用户进行游戏化学习的自我评价。玩具设计人员可以通过强调用户与玩具交互过程中的知觉信息体验,来为用户提供即时的、可指引其操作的反馈信息。④游戏操作步骤与现实情况相匹配。通过合理安排游戏任务执行顺序,尽可能地使游戏的操作步骤与实际情况相接近,以使相关游戏产生令人"身临其境"的操作体验。在构建类玩具的设计过程中,可以通过对玩具材料、形态、功能等设计要素的处理,使相关玩具的操作具有与现实情境类似的效果。⑤操作空间具有一定的自由度,以便为游戏化学习任务的扩展与深入创造条件。因此需要在游戏的某些环节为用户设置较自由的操作空间,以使每位用户都可以根据自身情况收获个性化的操作体验。在构建类玩具的设计过程中,设计人员可以从兼顾模块通用性与组合便捷性两方面入手,在提高玩具拼装效率的同时也为用户的探索提供有利条件。

5.3 构建类玩具的连接方式对游戏化学习的影响

5.3.1 构建类玩具的模块连接方式

构建类玩具是一种模块组合类产品,其连接方式对用户操作体验有直接影响。随着工艺、技术水平的提升,构建类玩具的连接方式也发生了很大的变化,除了传统的拼搭方式以外,还出现了插接、黏合、磁吸、螺母组装等方式。从某种意义上说,正是由于这些新颖的组合手段的加入,构建类玩具的种类和玩法才得以丰富。

在当前的游戏化学习中较常见的连接方式为：

（1）拼搭式连接　此种连接方式较为传统，主要通过堆、搭、垒、叠、摆来完成模块构建任务，拼搭模块之间不做固定处理。

（2）插接式连接　此种连接方式多应用于塑料、木质类玩具，主要通过玩具的直榫式结构或是抽槽式结构（见图5-10），将各个模块部件（其形状多为片、块、棒、粒）以咬合、镶嵌的方式进行组合加固。

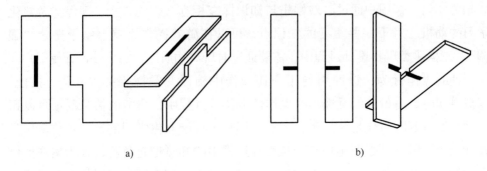

图5-10　两种主要的插接式连接结构

a）直榫式结构　b）抽槽式结构

（3）螺母式连接　此种连接方式在金属、木质材料的玩具中应用得较为普遍，多以带孔眼的片状部件为建构材料，可用螺钉将多个模块进行组合连接。

（4）磁吸式连接　此种连接方式广泛应用于金属、木质、塑料材料的玩具，主要是通过安置在模块中央或者边缘部位的磁片，使不同模块可以吸附在一起，从而实现拼搭组合。

（5）黏合式连接　此种连接方式主要利用黏合的方式使模块之间可以相互黏接在一起。

5.3.2　构建类玩具模块连接方式的可用性研究维度

为了使构建类玩具的外部设置可以更好地支持内部游戏架构发挥功效，结合此前对操作体验维度相关研究目标的分析设定，在构建类玩具模块连接方式的可用性研究维度上的具体研究内容如下：

（1）操作信息的反馈效果　在构建类玩具的模块组合过程中，不同的连接方式可能会给予用户不同的操作体验。这其中包含用户能否通过玩具模块所提供的线索来及时发现与规避操作上的错误，能否保证相关操作高效进行（这对于含有单线型任务结构的游戏操作尤为重要）。相关研究可以通过统计用户应用不同组合方式时所产生的失误情况，来衡量各种组合方式的优劣。

（2）组合结构的稳定性　构建类玩具组合结构的稳定是保障操作任务得以顺利推进的基础条件。此前调研发现，儿童用户对于身体的控制力以及动作协调性偏弱，因此在操作过程中会出现玩具意外跌落的情况。在这种情况下，玩具模块连接部分的结构稳定是保障组合物"安然无恙"，能被继续操作的关键因素。相关研究可以采用跌落测试的手段，了解不同连接方式对于玩具组合物的结构稳定性的影响。

（3）组合与拆分的便捷程度　在操作构建类玩具的过程中，组合与拆分通常是构建类玩具操作过程中的主要手段，因此一款高可用性、高价值的构建类玩具应具备易装易拆的特点。游戏化学习，尤其是在多元化探究以及自由改造环节，需要通过对一些拼装方案的反复尝试与修改，来获得最理想的操作效果。模块组合与拆分的效率显得非常重要。相关研究可以利用对用户完成相关任务所耗时间的统计，来获得各种连接方式在此方面的表现情况。

（4）模块组合的自由度　构建类玩具的操作"魅力"在于可以通过有限数量的模块产生多种组合方式（一种形状多种拼法）或结果（一个命题多种形式）。在游戏化学习中，模块组合的自由度在一定程度上决定了多元化探究以及自由创造的成效。这需要相关模块之间可以相互调换，以符合自由（或者变通）组合的物质条件。因此，除了在玩具模块形态上应重视通用性之外，在模块的连接方式上也需要对自由度相关操作予以全力配合。在实证研究中，可以通过观察相关组合成果的丰富程度，来判断不同连接方式对于模块自由组合的支持效果。

综上所述，为了洞悉当前构建类玩具主要连接方式的可用性情况，需要利用相关实验予以进一步探究。

5.4　实验2：针对构建类玩具连接方式的可用性对比实验

本实验是为了系统了解五种具有代表性的构建类玩具的连接方式在游戏化学习典型操作中的表现情况，分别对这些连接方式进行可用性方面的测试，以获得它们在即时的操作反馈、稳固的连接结构、便捷的拆分组装、自由的模块连接方面所具有的支持水平。

5.4.1 连接方式的可用性对比实验的方法

1. 实验对象

本实验共有被试 100 人，其中男性 61 人，女性 39 人，年龄为 7~12 岁，平均年龄 9.5 岁，所有被试均有一定的操作构建类玩具的经验。他们被平均分划成五个实验组，分别为拼搭式连接实验组、插接式连接实验组、螺母式连接实验组、磁吸式连接实验组、黏合式连接实验组。各组的年龄、性别结构分布较为均衡，如图 5-11 和图 5-12 所示。

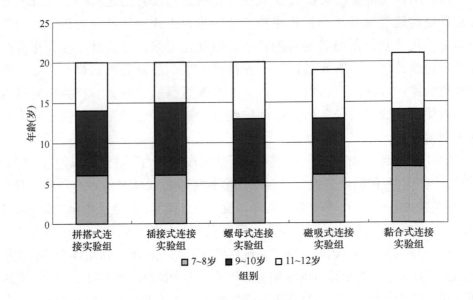

图 5-11　各组的年龄分布情况

2. 实验材料

为保证被试个体的操作经验都处于"初始"水平，本实验选择了让被试感觉新颖独特的"现代七巧板木质拼图玩具"作为拼搭式连接的操作材料（此款玩具与传统七巧板在造型方面有较大区别）。此外，在保持这款拼图玩具基本造型不变的情况下，根据实验要求对其模块连接部分进行有针对性的调整。最终形成五款拥有不同连接方式的七巧板拼图玩具，见表 5-15。此外，这些实验材料的基本使用规则为：①在组合时七个模块都必须用上；②所有组合模块必须平放；③所有组合模块必须置于同一平面，不能上下重叠。

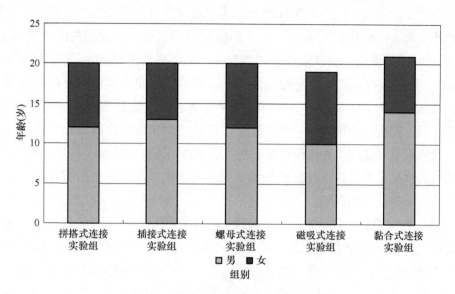

图 5-12 各组的性别结构

表 5-15 五款不同连接方式的七巧板拼图玩具

拼搭式连接	插接式连接	螺母式连接	磁吸式连接	黏合式连接
	插接凸杆	螺母安装连接片 螺丝孔	磁性胶带边条	

3. 实验程序

各实验组被试利用相应的七巧板拼图玩具来执行以下四种操作任务。

（1）按形拼图　在此操作任务中，被试按照所给的外围轮廓图形（拼合目标），通过对其造型特征的观察以及对七巧板模块组拼规律的理解，来进行拼合实践。本项操作任务采用操作限时的方式，被试须在 5min 以内完成；并且在每次的操作中，被试只能选用一个模块与已完成的组合部分进行连接尝试，当模块被连接合并后，即被记录为执行了一次操作。在此过程中，如果被试需要对已完成的部分进行"返工"调整，就必须在保留调整前数量的基础上，对后续产生的操作次数进行累计，最终获得被试完成此项任务的操作总次数。

（2）跌落检验　跌落检验考虑到不同使用状态（坐、站）的被试对于组合结构稳定性的需求，选择 100cm 作为跌落高度（跌落高度是指实验样品在跌落前被悬空时，地面与离它最近的样品部位之间的高度。根据相关的参考数据，小学五六年级课桌台面高度一般为 75cm，成人站立工作的台面高度通常为 80cm）。为了模拟大部分教室的地面状况，实验的地面选择铺贴瓷砖的硬质地面。测试时，从上一阶段每组的拼装成果中各挑选一定数量拼合完好的作品，按照正面、侧面跌向地面的顺序，先后对其执行两次自由跌落操作（为避免其他因素的影响，此项操作由受过培训的实验人员来统一执行）。在样品跌落后，通过检查样品是否存在连接部位松动、模块分离的情况，来判断相关组合方式对于维持结构稳定的作用。

（3）计时拆装　各实验组被试根据同一个图例，应用不同的连接方式进行拼装操作。在拼装作业完成后，再对相关组合物进行全面拆分。测试过程中，研究人员会分别记录各个被试执行组合与拆分任务所消耗的时间。

（4）一形多拼　一形多拼是指在外部轮廓一致的情况下，相关形态内部存在多种模块组合的关系。测试时，各实验组按照给定的组合目标（整体外形轮廓一致，内部构成形式不同的七种组合图形），进行多种拼装方法的摸索与尝试。在各个实验组内，每当完成一种新的拼装方法时计 1 分，组内重复出现的拼法不予累计。

5.4.2　连接方式的可用性对比实验的结果分析

1) 在对"按形拼图"的实验数据进行分析的过程中，考虑到各种连接方式在操作可执行性、复杂性方面存在一定的差异，某些连接方式不适宜进行反复的操作尝试。经过向相关专家征询意见，最终认定在规定时间内同组中正确拼完目标图形的人数占全组人数的 60% 以上，方可对该组的相关数据进行进一步分析，否则则不予分析。通过对各组数据的分析，结果发现除了黏合式连接实验组的达标人数仅有七人（组内达标率为 33%）以外，其他实验组均达到后续分析的标准。在对达标实验组的平均操作次数进行分析时，发现其中存在少量过大或过小的数值。为更加客观地描述各组的一般情况，采用求取中位数的方法进行统计。各组完成操作所用次数的整体情况，由多至少依次为：拼搭式连接组＞磁吸式连接组＞螺母式连接组＞插接式连接组。将相关数据逐个与标准操作次数，即拼装过程中未出现失误的操作次数（此款玩具为 7 次）相减，便可获得各实验组发生操作失误的一般情况。相关统计结果为，插接式连接组与螺母式连接组的失误相对较少，被试完成操作过程中一般会产生 2～4 次失误。拼搭连接组与磁吸式连接组的失误相对较多,被试完成同种操作一般会失误 7~8 次。各组在"按形拼图"中的操作情况见表 5-16。

表 5-16　各组在"按形拼图"中的操作情况

组　别	组内总人数（位）	组内达标率	操作次数（一般水平）	失误次数（一般水平）
拼搭式连接组	20	90%	15	8
插接式连接组	20	80%	9	2
螺母式连接组	20	65%	11	4
磁吸式连接组	19	89%	14	7
黏合式连接组	21	33%	—	—

2) 在"跌落检验"操作任务中,从各个实验组分别选取 10 件连接到位的样品进行相关操作（由于上一操作任务中黏合式连接组未达要求,因此该组成员用同种连接方式组拼完成了 10 件条件符合标准的样品用于此项操作任务）。经过两次跌落,组合结构稳定性最好的组是螺母式连接组,组内 10 件样品均保持完好。黏合式连接组的组合结构也比较稳固。插接式连接组所反映的情况尚可。拼搭式连接组与磁吸式连接组未能保持模块组合结构的完好,相关样品均出现不同程度的跌损现象,这表明它们的结构稳定性最弱。各组在"跌落检验"中的操作情况见表 5-17。

表 5-17　各组在"跌落检验"中的操作情况

组　别	组合结构完好（件）	连接部位松动（件）	模块分离（件）
拼搭式连接组	—	—	10
插接式连接组	7	2	1
螺母式连接组	10	—	—
磁吸式连接组	—	2	8
黏合式连接组	9	1	—

3) 在"计时拆装"操作任务中,除了黏合式连接组因模块部件黏牢后不易分离,而未做拆解实验以外,其他各组均顺利执行完相关实验任务。经过统计发现（见表 5-18）,组拼与拆解操作平均用时最短的实验组为拼搭式连接组,组拼与拆解操作平均用时最长的实验组为螺母式连接组。在组拼模块的平均用时上,螺母式连接组是拼搭式连接组的 3.7 倍。在拆解模块的平均用时上,螺

母式连接组是拼搭式连接组的 21 倍。此外，在同一组中，组拼模块的平均用时与拆解模块的平均用时相差最大的组是拼搭式连接组，相差最小的组是螺母式连接组。由此可知，拼搭式连接方式具有"易合更易分"的特点，螺母式连接方式则反映出"难合亦难分"的特点。

表 5-18　各组在"计时拆装"中的操作情况

组别	平均组合用时/s	平均拆解用时/s
拼搭式连接组	33	3
插接式连接组	47	16
螺母式连接组	121	63
磁吸式连接组	35	5
黏合式连接组	58	—

4）在"一形多拼"操作任务中，拼搭式连接组、磁吸式连接组、黏合式连接组均得到 7 分，这表明它们都可以利用各自的连接方式组拼出 7 种同形异构的图形。插接式连接组、螺母式连接组的得分较低，相关连接方式只能够支持 5 种形式的拼接。由此反映出插接式连接方式、螺母式连接方式会对模块的自由组合构成一定程度的限制。各组在"一形多拼"中的操作情况见表 5-19。

表 5-19　各组在"一形多拼"中的操作情况

组别	得分	形成的拼法
拼搭式连接组	7	
磁吸式连接组	7	
黏合式连接组	7	
插接式连接组	5	
螺母式连接组	5	

5.4.3　关于连接方式的可用性对比实验的讨论

通过本实验结果可以获知构建类玩具的各种模块连接方式对于用户操作体

验所产生的具体影响：

首先，在拼装信息的反馈效果方面，被试产生失误的情况可以反映其所使用的连接方式对于相关操作的反馈、引导水平。在"按形拼图"的操作任务中，插接式连接组和螺母式连接组的整体失误较少，主要是因为可支持这些连接方式的模块具有即时反馈、规避失误的限制因素。例如用于插接式连接的模块，其造型上会存在凹凸结构，此种结构上的设置会约束被试的操作空间，使其在预设的范围内进行尝试，因而减少了被试频繁试错的机会，从而间接引导被试朝正确的方向去操作。这一处理方式与产品可用性设计准则中有关利用产品自身的限制因素来避免用户错误操作的思路相互吻合。此外，对于那些在物理结构上未存在限制因素的连接方式，可以加强触觉、听觉信息反馈，以达到同样的效果。例如可以在玩具模块表面增加明显的触点，并在搭配组拼过程中反馈相应的声音，使用户通过这些细节上的线索，判断拼装是否合理。

其次，在模块组合结构的稳定性方面，样品跌落后的受损情况可以反映不同连接方式的可靠程度。通过相关检测发现，螺母式连接组、黏合式连接组、插接式连接组的整体受损情况较轻，表明模块之间的连接相对稳固。磁吸式连接组与拼搭式连接组的受损情况严重，主要原因在于模块间没有进行有效固定。因此，对于易造成跌损的模块连接形式，可将玩具置于具有附着力的平台上进行操作，以降低其跌落的概率。例如近年来一些新面市的磁吸式构建类玩具就提供了专门的防滑操作面板或底座部件，操作时可以将模块吸附在其表面，这既增强了模块组合结构的稳定性，又可有效防止玩具的意外跌落。

再次，在模块组合与拆分的便捷程度方面，各实验组的优劣情况与结构稳定性测试的表现相反。其中，拼搭式连接组的拆装最高效，螺母式连接组的拆装效率最低。因此，在保持模块组合结构稳固的情况下，提升模块组合与拆解的效率是构建类玩具设计的重点与难点。通过对在结构稳定性与拆装便捷度测试中表现效果都较令人满意的插接式连接方式的分析，发现其"优势"在于相关模块的质地具有一定的弹性和张力，在此条件下能够凭借相互咬合的结构关系，在人为外力的作用下较好实现结构稳固与拆装便利之间的功效"平衡"。由此可见，对拼装模块之间的接口结构关系进行巧妙处理，使结构、材料、人的作用力三者相互适配，是解决此问题的关键。

最后，在模块组合的自由度方面，插接式连接组与螺母式连接组的拼装成果相对较少的原因在于模块连接部分的"凹凸"形式或孔眼位置无形中提升了连接的"门槛"，导致模块的通用性受到削弱。例如：两个模块若同为"凸"

的形状，在对接时就无法契合到位；两个模块之间若缺少对接的孔眼，安装组合也不能实现。如此一来，一些可以用其他连接方式完成的组拼方案，若换用插接式或螺母式连接来实施，可能会发生因部分对接关系存在矛盾而被排除在外的情况。目前，解决该问题的途径是为相关构建类玩具配置专门的连接部件，以使不同模块通过它间接相连，并且该部件应具有多方位连接的功能，可以让各种模块实现自由组合。

5.5 本章小结

目前在构建类玩具的设计研发中缺乏对不同类型的游戏架构形式与模块连接方式的可用性比较，相关产品的可用性水平参差不齐，用户操作体验受到影响。本章从产品可用性的研究角度出发，对构建类玩具的游戏架构形式与模块连接方式进行系统的测试分析，借此探讨不同的游戏架构形式与模块连接方式对用户游戏化学习操作的支持水平，为相关领域的设计实践提供重要参考。

主要内容如下：

1）通过对四种构建类玩具游戏架构形式的可用性分析，发现：在有效性方面，建构性游戏化学习结构对于游戏化学习任务的执行程度、知识掌握的成效的支持力度最大；在效率方面，应用建构性游戏化学习结构在单位时间内收获的有效知识数量最多；在满意度方面，建构性游戏化学习结构与单线任务型结构在心流、动机、情境、协作上所获得的整体满意度最高。

2）围绕"建构性游戏化学习结构"这种较为理想的游戏架构形式，提出相应的玩具设计建议。设计建议包括操作目标分层、操作任务与知识的绑定、提供即时且有价值的操作反馈、游戏流程与现实情况相匹配、操作空间具有一定的自由度、在玩具中设置操作"挑战"与个人"技能"之间的多个平衡点等。通过对玩具物质层面的设计使用户产生预期的操作行为，进而收获相关的知识、技能。

3）通过对五种常见的构建类玩具连接方式的可用性分析，发现：在拼装信息的反馈效果方面，插接式以及螺母式连接方式由于存在物理限制因素，可以降低产生错误操作的概率；在模块组合结构的稳定性方面，由于螺母式、黏合式、插接式连接的强度较高，因此在跌落测试中相关组合结构保持较完好；在模块组合与拆分的便捷程度方面，应用拼搭式连接的实验组拆装效率最高，应用螺母式连接的实验组效率最低；在模块组合的自由度方面，由于插接式、螺母式连接对连接条件要求较高，二者的自由组合效果受到影响。

4）提出构建类玩具连接方式的设计建议。首先，在物理结构上适当增加构建类玩具的限制因素，或从听觉、触觉上加强玩具的信息反馈力度，以减少用户发生误操作行为的机会。其次，提高模块之间的连接强度，或者利用可产生良好附着效果的操作平台来降低玩具跌落的风险。再次，通过巧妙设计拼装模块之间的接口结构，使结构、材料、人的作用力三者相互适配，从而在保持模块组合结构稳固的情况下，提升拆装的效率。最后，对于采用插接式或螺母式连接的构建类玩具，可通过配置能够多方位连接多个模块的连接部件，来间接提升相关模块的自由组合能力。

第 6 章 基于领悟体验的构建类玩具实用功能的适配性表达研究

学习迁移是指一种学习对另一种学习的影响，其本质是人对知识的一种"领悟体验"。考虑到构建类玩具实用功能是激发用户获得领悟体验的重要因素以及国内学生接受学习迁移锻炼机会较少，如何让游戏化学习中的用户通过玩具的实用功能来实现学习迁移，是构建类玩具领悟体验维度上的设计重点。然而，当前国内企业从学习迁移的视角对构建类玩具进行设计研发的情况并不多见，用户对相关知识的理解与应用往往仅停留在游戏阶段，难以将游戏中的知识经验迁移到实际情境中去应用。针对上述问题，本章利用学习迁移实验系统地研究构建类玩具的游戏（阶段）功能在向实用（阶段）功能转变的过程中，两种功能（即两种学习材料）在形式表达上的差异程度对于不同年龄的儿童执行各种学习迁移任务所产生的具体影响。首先，按照学习迁移的类型将实验划分为同化性迁移效果测试、顺应性迁移效果测试、重组性迁移效果测试。其次，通过各项实验，系统研究适合不同年龄用户进行学习迁移的构建类玩具实用功能的表现特征。

6.1 构建类玩具的实用功能对于游戏化学习的影响

一款优秀的产品除了在外观和操作层面可以带给用户满意的体验之外，还应该使用户通过对相关体验过程的反思与回味来加深对产品内在价值与文化内涵的理解与感悟，以达到提升体验品质的目的。依据建构主义学习理论，学习的本质在于学习者利用所掌握的知识对学习过程不断地进行反省、概括与抽象。

构建类玩具汇集情感价值与学习功效于一体，使用户在体验过程中产生对所学知识的反思与领悟，是构建类玩具设计发展的必然趋势，其中对于构建类玩具实用功能的适配性表达将是此方面设计的关键点。

6.1.1 构建类玩具实用功能的配置意义

有关儿童用户对于构建类玩具功能配置满意度的调研结果以及国际学生评估项目报告中所反映的我国学生的问题现状，可以为构建类玩具实用功能在用户领悟体验中的存在价值提供重要依据。首先，从儿童用户对于构建类玩具功能配置满意度的调研结果中可以发现，相对于构建类玩具的"游戏""学习"两个常规功能，作为产品附加值体现的"实用"功能更易于刺激儿童用户产生强烈的体验需求。儿童用户对于构建类玩具的实用功能的体验一般处于游戏化学习过程的末端（游戏功能通常体现在前端），这样的布局安排更加有利于儿童用户借助实用功能来对游戏化学习过程进行全盘回顾与思考，以此为产生领悟体验创造合适的条件。其次，根据国际学生评估项目报告中所反映的情况，我国学生可以接触到的对所学知识进行深入理解与创新应用的机会十分有限，需要相关人员为其搭建学习迁移的平台，以促使他们能够真正理解、掌握所学知识。学习迁移本质上是一种领悟体验，构建类玩具的实用功能作为激发用户产生领悟体验的重要因素，可以为用户学习迁移的产生创造有利条件。

基于以上两点考量，在构建类玩具的设计过程中，可以充分利用构建类玩具的实用功能，将其作为学习体验的最终目标载体，通过游戏、学习、实用三种功能之间的衔接配合，使相关知识能够顺利"迁移"到不同的功能应用阶段，从而形成"玩→学→用"的用户体验轨迹，以便用户从中强化与调整所接触的知识内容。需要说明的是，由于多数构建类玩具的学习功能融合在游戏、实用两个功能体系之内，难以被区隔划分，因此将整个过程按照前后次序整合为"游戏（阶段）功能应用"与"实用（阶段）功能应用"两个阶段。

6.1.2 学习迁移的概念和分类

学习迁移（Transfer of Learning）是指一种学习对另一种学习的影响，或习得的经验对完成其他活动的影响。根据建构主义学习理论的观点，学习迁移就是在新的情境中应用知识，是对知识的进一步深化理解。学习迁移广泛存在于各种知识、技能与社会规范的学习中。其主要包含三种形式：

1）同化性迁移是指不改变原有的认知结构，直接将原有的知识经验应用到本质特征相同的一类事物中去，以揭示新事物的意义与作用或将新事物纳入原有的认知结构中去。如学会驾驶一种型号的自动档汽车后，可以用此知识经验去掌握驾驶其他型号的自动档汽车的技能。

2）顺应性迁移是指将原有的认知经验应用于新情境时所发生的一种适应性变化。当原有的认知结构不能将新的事物纳入其中时，需调整原有的知识经验或对新旧知识经验加以概括，形成一种能包容新旧知识经验的更高一级的认知结构，以适应外界的变化。如用原有烹饪白菜的经验来烧制肉食，肉未熟，需要延长烹调时间或提升火力。

3）重组性迁移是指重新组合原有认知结构中的某些构成要素或成分，调整各成分之间的关系或建立新的联系，从而应用于新的情境。如对一些舞蹈和体操的动作进行调整或重新组合后，编排出新的舞蹈或体操动作。又如学习单词 tea 之后再学习 eat，构成要素不变，但顺序变了。

6.1.3　构建类玩具功能的转变与学习迁移的关系

根据学习迁移的内在机制，学习迁移发生的前提条件为：在客观层面，多个学习材料（对象）之间同时存在相同（相似）和相异的成分，从而使它们既有联系又有区别；在主观层面，相关学习者所具有的认知能力和认知经验可以引导其发现不同学习材料之间的联系。

对于构建类玩具来说，从游戏功能应用阶段过渡至实用功能应用阶段，势必需要让同一玩具在外部形式上进行巧妙的变化，以此形成一种新的状态，以新的功能适应新的学习应用情境，即功能的转变可以在外在形式上形成前后两种不同的"学习材料"，为用户学习迁移活动的产生创造条件。借鉴产品设计领域中功能组合式设计的经验，构建类玩具功能的转变可以通过以下一些途径来实现：

1）局部形体的变化。通过对构建类玩具自身模块部件的增减、位移，使变形后的玩具拥有一种新的功能形态。

2）整体位置的变化。改变构建类玩具常见的空间使用方位，使其以倒置、倾斜等形式呈现，从而转变为一个拥有其他功能的形态。

3）配合其他物件使用。在构建类玩具已具有的某种功能的基础上，与其他功能物件相配合，从而实现功能的扩展。

这些因功能转变而产生的外在形式变化，可以按照前后形式差异程度的不同，概括为"微调""更变"两种类型。

因此，从领悟体验的角度来看，学习迁移与构建类玩具功能转变之间是"目的"与"手段"的关系，如图6-1所示。其中，构建类玩具实用功能与游戏功能在外部表达上唯有相互适配，用户才能将两者建立关联，进而产生预期的学习迁移效果。但是在具体的设计过程中会发现，不同年龄的儿童认知水平不一样，不同学习迁移任务的难度水平也有差异。设计人员如何针对不同的儿童用户群体以及相关的学习迁移任务实现对于构建类玩具功能表达的适度把握，是相关设计研究的重点与难点。依据教育学领域的研究成果，迁移学习材料之间的差异程度会对不同性质的学习个体产生不一样的影响。因此只有系统了解相关用户群体在各种学习迁移任务中对于功能表达变化效果的适应情况，才能设计出有利于游戏化学习的构建类玩具的实用功能的表现形式。

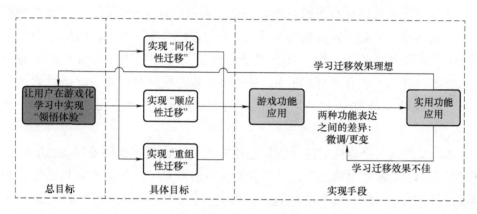

图6-1 学习迁移与构建类玩具功能转变的关系

6.2 构建类玩具的实用功能在学习迁移中的适配性表达实验

构建类玩具的实用功能可以使其由游戏世界的"玩物"转变为实际生活中的"工具"。在游戏化学习过程中，这一转变为用户巩固习得的知识、技能，促进学习迁移的发生提供了机会。构建类玩具实用功能的内涵表达通常需要借助外在形式的调整来实现：根据外在形式被调整的前后变化关系，可以依次形成两种不同目的的"学习材料"，即体现"游戏功能"的学习材料与体现"实用功能"的学习材料。两种学习材料唯有在学习迁移上相互适配，才能使构建类玩具实用功能在游戏化学习中的价值得以体现。相关研究表明，当不同学习材料之间的相似性发生变化时，学习迁移的性质和程度也会相应发生转变。为了更加深入地了解在由游戏功能向实用功能转变的过程中,构建类玩具外在形式上的前后差异程度(改造幅度的大小)对于不同年龄儿童用户在各种类型的学习迁移中所产生的影响,设计了本实验。本实验的结果可以为构建类玩具实用功能的适配性设计提供一定的参考。

6.2.1　实用功能适配性表达实验的方法

本实验根据学习迁移的分类情况,共包含三个测试项目,分别为同化性迁移效果测试、顺应性迁移效果测试、重组性迁移效果测试。

1. 实验对象

鉴于本实验所含知识内容对于各个年龄被试的适宜情况不同,通过对被试的学业状况以及认知水平进行综合调研,最终选择7~9岁的小学生参与本实验。需要说明的是,本实验虽然未有10~12岁的被试加入,但依据心理学领域有关不同年龄阶段儿童认知发展总体趋势的理论描述(随着儿童年龄的增长,其认知水平也在不断提升),并借助本实验数据对相关情况进行的预测分析,基本可以对10~12岁儿童用户在相关条件下的使用效果做出合理判断。

本次实验的三个测试项目(同化迁移效果测试、顺应迁移效果测试、重组迁移效果测试)除了共同配有两个未体验玩具游戏功能(只体验实用功能)的对照组以外,还各配有两个实验组。每组人数为30人,组内同年龄被试为10人。所有被试的智力发育水平相当,无智力缺陷,同年龄的被试学习程度相当。为避免不同的实验操作对被试执行任务所产生的影响,所有被试不允许跨组进行多重测试。

2. 实验材料

本实验的材料经过精心挑选,实验材料对于被试来说较为新颖独特。实验材料整体分为两类,一类为游戏任务执行阶段的原始玩具材料,另一类为实现实用功能所需的改造材料。

原始玩具材料为一款基于杠杆原理的趣味科学构建类玩具——跷跷板(为降低实验中其他因素的影响,提供给被试的此款构建类玩具已被实现人员事先拼装成形且保持一致),它的两端可承载熊形状的玩具配件以进行相关的跷跷板平衡游戏(见图6-2)。此外,为增强相关游戏的可玩性,玩具熊配件分为大、小两种型号,大号净重为6g,小号净重为3g,数量若干。玩具熊配件内部为空心结构,操作者可以通过熊底部的开孔向玩具内部注入一定重量的填充物(如沙土），以实现给熊增重的效果。

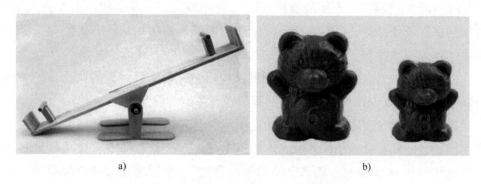

图 6-2　跷跷板构建类玩具与玩具熊配件
a）跷跷板构建类玩具　b）玩具熊配件

在改造材料方面，此款跷跷板构建类玩具的实用功能被设置为拥有与"天平"相似的称重功能。为实现此目标，可以对玩具进行多种方案的改造。与此同时，为避免其他因素对实验结果的影响，实验人员按照改造幅度的大小，预先准备了两款已改造完成且操作复杂水平相当的天平用于本实验，见图 6-3。其中图 6-3a 为微调款天平，它与原始的跷跷板玩具相比较，在主体造型和基本操作方式上差异较小。图 6-3b 为更变款天平，它在造型与操作效果上与原始的跷跷板玩具差异较大。图 6-3c 为用于天平称重的材料，包括 10g 的标准砝码若干、可装沙土的不透明塑料瓶以及一些沙土。

图 6-3　针对跷跷板玩具进行改造后的"天平"样式及其配套材料
a）微调款天平　b）更变款天平　c）用于天平称重的材料

3. 实验程序

本实验主要考察在前阶段（游戏功能体验）获得相关知识与技能的被试，当他们在后阶段面对不同变化程度（微调、更变）的实用功能的表现形式时，所产生的学习迁移效果。有丰富教学经验的教师评核后认为此实验中涉及的相关知识的迁移难度整体适当。实验所包括的三个项目均采用3（7岁、8岁、9岁）×2（使用跷跷板、未用跷跷板）×2（使用微调款天平、使用更变款天平）的结构进行设计，测试指标为各个被试在应用玩具的实用功能来达到同一学习水平（连续三次操作正确）所需要的时间与操作次数。具体情况如下：

（1）同化性迁移效果测试　在此测试项目中，使用跷跷板的实验组先后执行以下两个步骤，未用跷跷板的对照组只进行第二步骤的操作。

第一步骤，在应用玩具的游戏功能阶段，首先由教师告知被试在跷跷板上利用相同且已知重量的小熊称重大熊的基本方法。接着教师要求被试"请利用跷跷板和一些3g重量的小熊来获得大熊的重量"。被试需通过往跷跷板一端放置足量3g小熊的方式，在使跷跷板达到平衡状态的同时计算出另一端大熊的重量（部分大熊内部被填充不同重量的沙土，总重量为6g、9g、12g、15g，实验人员每次随机选择一只大熊将其固定在跷跷板一端用以测量）。如被试连续三次测量正确，则表明该被试已获得相关知识经验。此时方可进行下个步骤的学习操作。

第二步骤，在应用玩具的实用功能阶段，先由相关教师简要告知被试天平的基本使用方法，接着教师要求被试"请利用天平和一些10g重量的砝码来获得装沙瓶的重量"。在正式操作前，实验人员会在20g、30g、40g、50g的装沙瓶中任选其一，将它置于天平一端，各组被试并未事先获知所选装沙瓶的重量。为实现天平平衡，操作期间被试需要通过往另一侧秤盘中边放置10g砝码边观察天平是否平衡的方法，最终测算出装沙瓶的实际重量。当被试连续三次测算正确，则表明被试已掌握在未知天平一端物件重量的情况下，通过同种重量砝码的数值累计得到物件重量的知识经验，此时需要记录被试完成此步骤任务的时间与操作次数。

（2）顺应性迁移效果测试　在此测试项目中，使用跷跷板的实验组先后执行以下两个步骤，未用跷跷板的对照组只进行第二步骤的操作。

第一步骤，在应用玩具的游戏功能阶段，先由教师告知被试利用跷跷板一端各个不同重量的小熊来称重另一端大熊的方法。接着实验人员在9g、12g、15g的大熊中任选其一，在被试不知道大熊实际重量的情况下，将它固定在跷跷板一端。为实现跷跷板平衡，被试被要求选择不同重量的小熊（分别为3g、6g，被试知晓各个小熊的实际重量）并将它们放置在跷跷板另一端，以完成操作并计算出大熊的实际重量。若出现失误，则需要重新操作。而当操作正确时，则调换新的重量的大熊待其测量。当被试连续三次操作正确，则表明被试已获得利用不同重量小熊的数值累计得到大熊重量的知识经验。此时方可进行下个步骤的学习操作。

第二步骤，在应用玩具的实用功能阶段，被试执行的任务内容与同化迁移效果测试中第二步骤相同，在此不予赘述。

（3）重组性迁移效果测试　在此测试项目中，使用跷跷板的实验组先后执行以下两个步骤，未用跷跷板的对照组只进行第二步骤的操作。

第一步骤，在应用玩具的游戏功能阶段，先由教师告知被试利用被置于跷跷板一端、相同且已知重量的若干小熊来挑选出指定重量的大熊的方法。接着研究人员会让被试利用跷跷板和一些 3g 重量的小熊在若干未知晓重量的大熊中（分别为 6g、9g、12g、15g）挑选出指定重量的大熊。被试需要根据要找寻的大熊的重量，通过计算，先在跷跷板一端置入足量的小熊，再通过将不同重量的大熊逐个放置在跷跷板另一端、观察跷跷板是否平衡的方式，来确定目标对象。如被试连续三次正确完成任务，则表明其已掌握利用相同重量的小熊来挑选指定重量的大熊的知识经验。此时方可进行下个步骤的学习操作。

第二步骤，在应用玩具的实用功能阶段，被试执行的任务内容与同化迁移效果测试中第二步骤相同，在此不予赘述。

6.2.2　实用功能适配性表达实验的结果分析

在对相关数据进行分析处理前，为了便于对各组数据进行阐述，以下将"使用微调款天平组""使用跷跷板+微调款天平组""使用更变款天平组""使用跷跷板+更变款天平组"分别简称为微调款 0 组、微调款 1 组、更变款 0 组、更变款 1 组。此外，对一些无效数据进行剔除，其中包括：顺应性迁移效果测试中，7 岁微调款 1 组、7 岁更变款 1 组各有 2 人在一定时间内未完成第一步骤操作任务，因此相关组的被试人数为 28 人；重组性迁移效果测试中，7 岁微调款 1 组有 3 人、7 岁更变款 1 组有 2 人在一定时间内未完成第一步骤操作，因此相关组的被试人数分别为 27 人与 28 人。

利用 SPSS 软件对每个测试项目中不同年龄的各组数据进行单因素方差分析。

（1）同化性迁移效果测试　首先，从年龄的角度来分析，在学习平均用时与操作次数方面，各个年龄微调款 1 组的均值都为最小。其中：7 岁、8 岁微调款 1 组<微调款 0 组，更变款 1 组与更变款 0 组之间不存在显著差异（在对各组数据进行多重比较中发现相关组之间的显著性 P 值均大于 0.05）；9 岁微调款

1组＜微调款0组，更变款1组＜更变款0组，而且微调款1组＜更变款1组（见表6-1）。

表6-1 同化性迁移效果测试中各年龄被试表现的情况

年龄	组 别	人数（个）	平均用时/min	平均操作次数（次）	F（平均用时/平均操作次数）	P（平均用时/平均操作次数）
7岁	微调款1组	10	5.20±0.79	6.10±0.74	73.90/39.69	0.00/0.00
	微调款0组	10	8.60±0.70	9.00±0.47		
	更变款1组	10	9.00±0.67	8.60±0.70		
	更变款0组	10	9.10±0.57	9.10±0.88		
8岁	微调款1组	10	4.10±0.74	5.30±0.67	84.80/23.77	0.00/0.00
	微调款0组	10	7.80±0.79	7.20±0.42		
	更变款1组	10	8.00±0.67	7.10±0.88		
	更变款0组	10	8.30±0.48	7.70±0.67		
9岁	微调款1组	10	2.60±0.84	3.70±0.82	69.07/47.88	0.00/0.00
	微调款0组	10	6.20±0.63	6.30±0.48		
	更变款1组	10	4.20±0.63	5.00±0.47		
	更变款0组	10	6.60±0.70	6.50±0.53		

注：在各个年龄中以粗体标注的组之间的显著性水平 $P>0.05$，表明这些组间不存在明显差异。

其次，从组别的角度来分析。同化性迁移效果测试中各组表现的情况见表6-2。在学习平均用时上，微调款1组的整体平均用时为3.97min，更变款1组平均用时为7.07min。在操作次数上，微调款1组的平均操作次数为5.03次，更变款1组为6.90次。此外，对各组表现情况与年龄之间的影响关系进行一元线性回归分析，从一元线性回归方程中可以发现年龄（高低）与各组在操作用时（长短）、次数（多少）方面的表现呈现出十分显著（$P<0.01$）的负向关系，并且根据各组的回归模型所得出的线性拟合方程均能够解释60%以上的因变量变化情况（R^2 数值均大于0.6）。

表6-2 同化性迁移效果测试中各组表现的情况

组别 表现	人数（个）	平均值（标准差）	年龄 X 与各组表现 Y 的关系	R^2
微调款1组（用时）	30	3.97±1.33	$Y=14.37-1.30X$	0.66
微调款0组（用时）	30	7.53±1.22	$Y=17.13-1.20X$	0.66
更变款1组（用时）	30	7.07±2.20	$Y=26.27-2.40X$	0.82

(续)

组别表现	人数（个）	平均值（标准差）	年龄 X 与各组表现 Y 的关系	R^2
更变款 0 组（用时）	30	8.00 ± 1.20	$Y = 18.00 - 1.25X$	0.74
微调款 1 组（次数）	30	5.03 ± 1.25	$Y = 14.63 - 1.20X$	0.64
微调款 0 组（次数）	30	7.50 ± 1.22	$Y = 18.30 - 1.35X$	0.84
更变款 1 组（次数）	30	6.90 ± 1.65	$Y = 21.30 - 1.80X$	0.82
更变款 0 组（次数）	30	7.77 ± 1.28	$Y = 18.17 - 1.30X$	0.71

（2）顺应性迁移效果测试　从年龄的角度进行分析，7 岁与 8 岁各组组内的表现情况没有显著差异。在 9 岁各组中微调款 1 组在平均用时与平均操作次数上最少，更变款 1 组处于中等水平，微调款 0 组与更变款 0 组在平均用时与平均操作次数上最多（见表 6-3）。

表 6-3　顺应性迁移效果测试中各年龄被试表现的情况

年龄	组别	人数（个）	平均用时/min	平均操作次数（次）	F（平均用时/平均操作次数）	P（平均用时/平均操作次数）
7 岁	**微调款 1 组**	8	8.63 ± 0.52	8.75 ± 0.71	2.00/0.82	0.13/0.49
	微调款 0 组	10	8.60 ± 0.70	9.00 ± 0.47		
	更变款 1 组	8	9.13 ± 0.64	9.25 ± 0.46		
	更变款 0 组	10	9.10 ± 0.57	9.10 ± 0.88		
8 岁	**微调款 1 组**	10	7.70 ± 0.95	7.20 ± 0.63	1.32/1.47	0.28/0.24
	微调款 0 组	10	7.80 ± 0.79	7.20 ± 0.42		
	更变款 1 组	10	8.10 ± 0.74	7.40 ± 0.70		
	更变款 0 组	10	8.30 ± 0.48	7.70 ± 0.67		
9 岁	微调款 1 组	10	3.60 ± 0.97	4.20 ± 0.42	33.62/39.00	0.00/0.00
	微调款 0 组	10	6.20 ± 0.63	6.30 ± 0.48		
	更变款 1 组	10	5.10 ± 0.57	5.30 ± 0.67		
	更变款 0 组	10	6.60 ± 0.70	6.50 ± 0.53		

注：在各个年龄中以粗体标注的组之间的显著性水平 $P > 0.05$，这表明这些组间不存在明显差异。

其次，从组别的角度来分析。顺应性迁移效果测试中各组表现的情况见表 6-4。在学习平均用时上，微调款 1 组的整体平均用时为 6.50min，更变款 1 组平均用时为 7.32min。在操作次数上，微调款 1 组的平均操作次数为 6.57 次，更变款 1 组为 7.18 次。此外，对各组表现情况与年龄之间的影响关系进行一元线性回归分析，从一元线性回归方程中可以发现年龄（高低）对各组在学习用时（长短）、操作次数（多少）方面的表现有十分显著（$P<0.01$）的负向影响，并且根据各组的回归模型所得出的线性拟合方程均能够解释60%以上的因变量变化情况（R^2数值均大于0.6）。

表6-4 顺应性迁移效果测试中各组表现的情况

组别表现	人数（个）	平均值（标准差）	年龄X与各组表现Y的关系	R^2
微调款1组（用时）	28	6.50±2.38	$Y=27.29-2.58X$	0.77
微调款0组（用时）	30	7.53±1.22	$Y=17.13-1.20X$	0.66
更变款1组（用时）	28	7.32±1.85	$Y=23.88-2.05X$	0.82
更变款0组（用时）	30	8.00±1.20	$Y=18.00-1.25X$	0.74
微调款1组（次数）	28	6.57±1.99	$Y=25.17-2.30X$	0.89
微调款0组（次数）	30	7.50±1.22	$Y=18.30-1.35X$	0.84
更变款1组（次数）	28	7.18±1.72	$Y=23.16-1.98X$	0.87
更变款0组（次数）	30	7.77±1.28	$Y=18.17-1.30X$	0.71

（3）重组性迁移效果测试　首先，从年龄的角度来分析。7岁各组的表现情况没有显著差异。8岁微调款1组在平均用时与平均操作次数上最少，与8岁其他组差异不显著。在9岁各组中微调款1组在平均用时与平均操作次数上最少，更变款1组处于中等水平，微调款0组与更变款0组在平均用时与平均操作次数上最多，而且不存在显著差异（见表6-5）。

表6-5 重组性迁移效果测试中各年龄被试表现的情况

年龄	组别	人数（个）	平均用时/min	平均操作次数（次）	F（平均用时/平均操作次数）	P（平均用时/平均操作次数）
7岁	微调款1组	7	8.57±0.79	8.86±0.38	1.35/0.33	0.28/0.80
	微调款0组	10	8.60±0.70	9.00±0.47		
	更变款1组	8	9.00±0.76	9.13±0.35		
	更变款0组	10	9.10±0.57	9.10±0.88		
8岁	微调款1组	10	6.50±0.71	6.20±0.63	15.65/11.57	0.00/0.00
	微调款0组	10	7.80±0.79	7.20±0.42		
	更变款1组	10	8.20±0.63	7.50±0.71		
	更变款0组	10	8.30±0.48	7.70±0.67		

（续）

年龄	组别	人数（个）	平均用时/min	平均操作次数（次）	F（平均用时/平均操作次数）	P（平均用时/平均操作次数）
9岁	微调款1组	10	4.10±0.57	4.70±0.67	28.29/18.38	0.00/0.00
	微调款0组	10	6.20±0.63	6.30±0.48		
	更变款1组	10	5.60±0.70	5.70±0.67		
	更变款0组	10	6.60±0.70	6.50±0.53		

注：在各个年龄中以粗体标注的组之间的显著性水平 $P>0.05$，这表明这些组间不存在明显差异。

其次，从组别的角度来分析。重组性迁移效果测试中各组表现的情况见表6-6。在学习平均用时上，微调款1组的整体平均用时为6.15min，更变款1组平均用时为7.50min。在操作次数上，微调款1组的平均操作次数为6.33次，更变款1组为7.32次。此外，对各组表现情况与年龄之间的影响关系进行一元线性回归分析，从一元线性回归方程中可以发现年龄（高低）对各组在学习用时（长短）、操作次数（多少）方面的表现起到十分显著（$P<0.01$）的负向影响，并且根据各组的回归模型所得出的线性拟合方程均能够反映原始数据60%以上的信息（R^2数值均大于0.6）。

表6-6 重组性迁移效果测试中各组表现的情况

组别表现	人数（个）	平均值（标准差）	年龄X与各组表现Y的关系	R^2
微调款1组（用时）	27	6.15±1.92	$Y=24.37-2.25X$	0.88
微调款0组（用时）	30	7.53±1.22	$Y=17.13-1.20X$	0.66
更变款1组（用时）	28	7.50±1.62	$Y=21.51-1.74X$	0.76
更变款0组（用时）	30	8.00±1.20	$Y=18.00-1.25X$	0.74
微调款1组（次数）	27	6.33±1.75	$Y=22.88-2.04X$	0.87
微调款0组（次数）	30	7.50±1.22	$Y=18.30-1.35X$	0.84
更变款1组（次数）	28	7.32±1.52	$Y=21.17-1.72X$	0.85
更变款0组（次数）	30	7.77±1.28	$Y=18.17-1.30X$	0.71

6.2.3 关于实用功能适配性表达实验的讨论

在同化性迁移效果测试中，将7岁微调款1组与7岁微调款0组的表现情况（平均操作用时、平均操作次数）进行综合比较发现，对于相同的学习材料（微调款天平），微调款1组学习的效果明显优于微调款0组。这可能是由于微调款 1 组被试将游戏功能体验阶段（第一步骤）所掌握的知识经验迁移到实用功能体验阶段（第二步骤），从而对后续学习起到了促进作用。而在类似的情况下，学习迁移现象却没有在 7 岁被试所在的更变款 1 组与更变 0 组之间发生。根据统计结果，这两组的表现情况不存在显著差异（$P>0.05$），而且无论在操作用时或是操作次数上都多于微调款 1 组，此结果表明更变款 1 组的 7 岁被试未能将更变款天平与跷跷板这两种学习材料看成本质特性相同的一类事物（都具有杠杆效应），所以他们后一阶段所接触的知识难以被纳入前一阶段所构建的知识结构之中。8 岁各个组别的比较结果与 7 岁的相同，表明 8 岁微调款 1 组所使用的微调款天平学习材料可以使被试产生同化性学习迁移，而更变款天平并不能使 8 岁被试建立前后学习材料的关联。9 岁微调款 1 组与更变款 1 组的表现情况均优于没有进行游戏功能学习体验（第一步骤）的对照组，即微调款 0 组、更变款 0 组。这一结果意味着微调款天平与更变款天平都可以使处于 9 岁阶段的被试联想起前期从跷跷板游戏中得到的知识经验，进而引发学习迁移的产生。根据认知发展理论的相关内容可知，9 岁被试与 7 岁、8 岁被试存在的差异现象与 9 岁及 9 岁以上儿童的抽象逻辑思维能力比 7 岁、8 岁儿童更加完善有关。随着年龄的增长，处于更高年龄阶段（如 10~12 岁）的儿童，他们越发完善的认知能力会促使他们有更好的学习迁移表现。这一观点也可作为解释年龄（高低）与各组表现（平均操作时间的长短、平均操作次数的多少）在数值上呈现负相关的原因。此外，通过将 9 岁微调款 1 组与更变款 1 组的实验情况进行综合对比分析，在操作复杂度接近的情况下，微调款 1 组的平均操作用时与平均操作次数显著少于更变款 1 组，这表明微调款、更变款两种不同改造幅度的学习材料都有助于学习迁移产生的前提下，较之于前期（游戏功能体验阶段）所应用的学习材料，在后期（实用功能体验阶段）变化幅度小的学习材料，可以更好地促使同化性学习迁移的产生。需要说明的是，利用回归模型对相关情况进行预测分析后发现，变化幅度大的学习材料对于 9~12 岁儿童用户来说，其学习迁移功效将会随着用户年龄的增长而愈加明显。

在顺应性迁移效果测试中，7 岁与 8 岁被试的组间表现对比不存在显著差异，这表明学习材料的前后差异程度对于引导被试产生顺应性学习迁移的作用并不明显。这可能是由于顺应性学习迁移会使被试先前（第一步骤）所学知识在新的应用情境中（第二步骤）发生适应性变化，这种适应性变化以及学习材料的改变在无形中加重了被试认知上的负担，最终导致 7 岁、8 岁被试难以顺利将前后所接触的学习材料进行有意义的关联。9 岁微调款 1 组与更变款 1 组的表现情况均优于各自没有经历游戏功能学习体验（第一步骤）的对照组，即微调款 0 组、更变款 0 组。此外，在任务目标、操作复杂度接近的情况下，微调款 1 组的表现效果全面优于更变款 1 组，这说明在顺应性学习迁移中，相关学习材料之间的变化，无论变化大小都可以使 9 岁被试产生学习迁移，而改动较小的学习材料往往更有利于学习迁移的产生。需要说明的是，利用回归模型对相关情况进行预测分析后发现，改动幅度大的学习材料对于 9~12 岁儿童用户来说，其学习迁移功效将会随着用户年龄的增长而更加明显。

在重组性迁移效果测试中，7 岁被试所在各组的学习情况不存在显著差异，学习迁移效果并不理想。其原因主要是重组性迁移要求学习者能够对所学知识进行重构，从而适应于新的情境。这种要求对于 7 岁被试来说，要求较高，并不适宜。8 岁微调款 1 组在操作用时、操作次数上的表现明显优于 8 岁微调款 0 组，8 岁更变款 1 组与更变款 0 组间不存在显著差异，这两个结果表明 8 岁微调款 1 组所使用的微调款天平学习材料可以使被试产生重组性学习迁移，而更变款天平并不能使 8 岁被试产生同样的学习迁移效果。9 岁微调款 1 组与更变款 1 组的表现情况均优于各自没有游戏功能学习体验（第一步骤）介入的对照组，而且微调款 1 组的表现效果全面优于更变款 1 组，这说明在 9 岁被试的重组性学习迁移中，学习材料的改造无论改造是大是小都不会影响相关学习迁移的产生，但是会对迁移效果带来一些影响，改造幅度小的学习材料可以更好地引导被试通过迁移收获新知识。需要说明的是，利用回归模型对相关情况进行预测分析后发现，改造幅度大的学习材料对于 9~12 岁儿童用户来说，其学习迁移功效将会随着用户年龄的增长而更加明显。

在游戏化学习体验过程中，一款构建类玩具实用功能的表现效果往往可以作为其是否适合用户对游戏阶段所学知识的有效迁移的衡量依据。本实验结果表明，作为学习材料的构建类玩具的前后变化大小对于各种类型的学习迁移均有着不同程度的影响。总体而言，虽然在实用功能应用阶段改造幅度较大的构建类玩具能够营造出一种更加逼真、具体的学习情境，但往往这种过度情境化的设置会使得儿童用户尤其是低年级（7 岁、8 岁）的儿童用户难以跳出具体情境，以更为抽象的视角看待事物之间的内在联系。反而是经过轻度改造，在情境营造效果上并不十分出众的实用功能的表现形式更适合不同年龄的用户执行各种学习迁移任务。此外，对于认知能力发展较完善的中高年级（9~12 岁）用户，可以在确保整体学习迁移效果不受影响的情况下，适当增大构建类玩具游戏功能表达与实用功能表达之间的变化跨度，以此在增强构建类玩具可玩性的同时，使用户的学习迁移水平得到更大提升。

6.3 本章小结

当前国内企业从学习迁移的视角对构建类玩具进行设计研发的情况并不多见，用户对于相关知识的理解与应用往往停留在游戏阶段，难以将游戏中的知识经验迁移到实际情境中去应用。本章以构建类玩具的实用功能在游戏化学习过程中的适配性表达为目标，具体探讨在从游戏功能转变至实用功能的过程中，构建类玩具表现形式的前后差异程度对不同年龄儿童用户在各种类型的学习迁移中所产生的影响，以此为相关的设计实践提供参考依据。

通过实验和分析获得的构建类玩具实用功能的适配性表达特征如下：

1）在同化性学习迁移中，与游戏功能的外在表达差异不大的实用功能的表现形式比较适合不同年龄的儿童用户进行学习迁移，而差异较大的实用功能的表现形式适合 9 岁以上的儿童用户。

2）在顺应性学习迁移中，构建类玩具实用功能与游戏功能在表现形式上的差异不会对 7 岁、8 岁儿童用户的学习迁移产生显著影响，只会对 9 岁以上儿童用户的学习迁移产生影响。

3）在重组性学习迁移中，构建类玩具实用功能与游戏功能在表现形式上的差异不会引起 7 岁儿童用户学习迁移的产生，改造跨度较小的实用功能的表现形式适合 8 岁及以上用户进行学习迁移，而差异较大的实用功能的表现形式适合 9 岁以上的中高年级儿童用户。

4）在其他条件同等的情况下，认知能力、知识水平较好的用户，其在学习迁移上的表现更佳。因此构建类玩具的实用功能与游戏功能在表现形式上存在较小差异，更适合不同年龄层次的用户进行学习迁移。对于认知能力及知识储备较好的用户，可以适当增大构建类玩具游戏功能表达与实用功能表达之间的变化跨度，以此在增强构建类玩具可玩性的同时，也使用户的学习迁移水平得到进一步提升。

第 7 章 针对游戏化学习的构建类玩具设计方法的建立与评价

在传统"制造业"向现代"智造业"转型的背景下,为了使构建类玩具用户体验设计的方法做到科学合理,构建类玩具,作为一种模块化产品,其用户体验设计方法的建立需要适当参考模块化系统构建的策略,以具有更好的适用性。因此,本章基于与构建类玩具用户体验设计有关的研究成果,建立了一套支持构建类玩具用户体验设计的方法。首先,利用构建类玩具各体验维度上相关要素的设计规律以及模块化系统构建思路,建立针对游戏化学习环境的构建类玩具用户体验设计方法。其次,建立涉及感官体验、操作体验、领悟体验的构建类玩具评价体系。最后,以"传统木版年画"构建类玩具的设计为例,对用户体验设计方法的有效性予以评价和验证。

7.1 构建类玩具用户体验设计方法的建立

7.1.1 构建类玩具各体验维度上的设计规律

为了给构建类玩具用户体验设计方法的建立提供参考,现将构建类玩具感官体验维度、操作体验维度、领悟体验维度上相关要素的设计规律进行整理,见表 7-1。

表 7-1　构建类玩具各体验维度上相关要素的设计规律

体验维度	设计要素	设计规律
感官体验	形态	构建类玩具模块形态的特征要简单、明晰，所反映的重点信息能够引起相关用户的关注
		构建类玩具模块形态中所蕴含的设计要素可以与大部分用户已有的知识经验产生关联，易于用户辨识其基本用途
		构建类玩具模块形态中所注入的情感信息可以被目标用户广泛接受、理解，以产生预期的情感共鸣，进而丰富体验内涵，提升体验质量
		在具体形态设计上，可将与用户的认知和情感高度匹配的"高质量的构建类玩具模块形态"（形态辨识实验的研究结果）作为"原型"，在其基础上进行改造加工，以利于用户对构建类玩具形态语意的正确识读
	色彩	以练习类游戏为主的构建类玩具偏重冷色系色彩，包括蓝色、绿色、紫色、蓝绿色、蓝紫色、黄色、黄绿色
		以象征类游戏为主的构建类玩具偏重暖色系色彩，包括黄色、红色、红紫色、橙色、黄橙色、黄绿色、红橙色
		以规则类游戏为主的构建类玩具偏重冷色系色彩与中性色，包括蓝色、绿色、蓝绿色、紫色、蓝紫色、黑色、灰色、白色
		以构建类游戏为主的构建类玩具适用一些冷色、暖色、中性色，包括黑色、灰色、白色、绿色、蓝绿色、黄色、蓝色、黄绿色、蓝紫色、紫色
	材料	在基础知识实践课的应用领域，为了与课程情境相吻合，构建类玩具制作材料的适用度排序为木材＞石材＞金属＞塑料＞纸张＞黏土
		在人文艺术创作课的应用领域，为了与课程情境相吻合，构建类玩具制作材料的适用度排序为纸张＞黏土＞木材＞石材＞塑料＞金属
		在工程技术制作课的应用领域，为了与课程情境相吻合，构建类玩具制作材料的适用度排序为金属＞塑料＞石材＞木材＞纸张＞黏土
操作体验	游戏任务架构	拥有"单线型任务结构"的构建类玩具，适用于以技能性训练、作业操练、行为矫正为主的游戏化学习项目
		拥有"多线归一型任务结构"的构建类玩具，适用于与问题探究、知识原理理解有关的游戏化学习项目
		拥有"多线开放型任务结构"的构建类玩具，适用于以培养学习者的发散思维、鼓励其创新实践为主要目标的游戏化学习项目
		拥有"建构性游戏化学习结构"的构建类玩具，其在支持用户游戏化学习任务的完成、知识掌握的成效、获得知识的效率、产生心流反应等方面均表现良好，适合用户在情境化学习条件下通过一定的引导来自主建构知识体系

（续）

体验维度	设计要素	设计规律
操作体验	模块连接	在拼装信息的反馈效果方面，插接式连接和螺母式连接效果较好，用户产生误操作的概率低
		在模块组合结构的稳定性方面，螺母式连接、黏合式连接、插接式连接效果较好
		在模块组合与拆分的便捷程度方面，拼搭式连接拆装效率较高，螺母式连接效率较低
		在模块组合的自由度方面，拼搭式连接、磁吸式连接、黏合式连接效果较好
领悟体验	实用功能	当构建类玩具的实用功能与游戏功能在表现形式上存在较小差异时，适合 7~12 岁儿童用户进行学习迁移
		对于认知能力及知识储备较好的用户，可以适当增大构建类玩具游戏功能表达与实用功能表达之间的变化跨度，以此在增强构建类玩具可玩性的同时，也使用户的学习迁移水平得到进一步提升

7.1.2　构建类玩具设计规律的系统性应用

为了在实际的设计实践中能够充分发挥上述设计规律的作用，需要对这些设计规律的应用关系予以协调，以形成较为系统性的设计方法。由于构建类玩具是一种典型的模块化产品，因此可以参考模块化系统构建的思路，对构建类玩具各体验维度上相关要素设计规律的应用时机进行系统设置，以形成一套较为实用的基于游戏化学习环境的"构建类玩具用户体验设计方法"。

考虑到模块化系统的构建过程本质上是将产品的功能元素分配给产品实体构建单元的过程，结合构建类玩具各个体验维度的特征，可将构建类玩具的用户体验设计方法划分为四个程序，设计人员在执行每个程序时可以参考相关体验维度上具体要素的设计规律，以确保设计工作有条不紊地进行。构建类玩具用户体验设计过程模型如图 7-1 所示。

（1）功能定义　需要围绕游戏化学习的知识技能，利用能够激发用户对这些知识技能产生"领悟体验"的游戏功能与实用功能的关系特征，来对构建类玩具的主要功能及其关系进行设置。

（2）结构布局　根据游戏化学习目标，从用户"操作体验"的视角出发，选择合适的游戏架构形式，并参考其特征建立可支持用户执行相应操作任务的

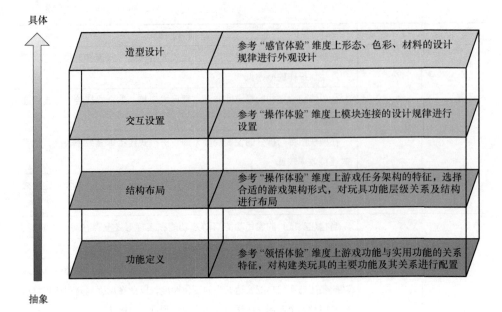

图 7-1　构建类玩具用户体验设计过程模型

功能层级关系以及结构布局。

（3）交互设置　在建立结构布局之后，不同模块之间的交互关系可做进一步明确。在此程序中，需要参考构建类玩具"操作体验"维度上有关模块连接的设计规律，来对重要模块的连接方式予以精准规划，以使用户产生高效的操作体验。

（4）造型设计　根据"感官体验"维度上形态、色彩、材料要素的设计规律，将抽象的产品功能规划转化为具体的、可用感官体验的构建类玩具造型单元。

7.2　构建类玩具游戏化学习评价策略的创建

7.2.1　产品评价体系的创建条件

评价是一种论断，即人们为了某种需要，依据一定的标准，对想法、方法、物品进行价值判断，将获得一个评价结论作为决策的依据。评价也是一个过程，即评价者对评价对象的各个方面，依据评价标准进行量化测量或非量化判断，最终得出一个结论的过程。在产品设计领域，要发挥评价的最大作用，必须建立科学的评价体系。该评价体系由以下三项要素构成：

（1）产品评价指标　指标是指反映某种现象在特定时间、条件和背景下的结构、规模、比例等的概念与数值。产品评价指标是指表征产品各类特征的数值类型。多个具有相互关系及内部结构的产品评价指标就组成了指标体系。

（2）产品指标权重　指标权重是指在指标体系里，每个指标对指标体系的重要度和贡献度，是各指标在总体评价体系中的价值系数。权重不同，评价结果也会有所差别。

（3）产品评价方法　由于不同产品的用途各异，因此它们的评价指标与指标权重也各不相同。在这种情况下，探索合适的评价方法显得尤为关键。对于一些评价维度较多的产品，可根据不同的阶段与目的综合应用多种不同的方法，最后综合各种方法的评价结果，形成总体评价。

7.2.2　构建类玩具的游戏化学习评价体系

在产品设计中，产品本身是设计师与用户之间交流的中介物，用户通过对它的体验来实现与设计师的间接"交流"：产品仿佛是经由设计师精心编辑，利用设计符号进行信息传递的媒介；而用户在接触到产品时，则以自己特有的经验对其进行分析和解读。对于一款新产品而言，倘若未经相关评价体系的"把关"而直接投放于市场，势必会产生用户体验效果和设计预期相差甚远的风险。究其原因是设计师对流行元素、造型、色彩等都具有非常敏锐的感知能力，并且对于产品的使用方式、工作原理也较熟悉，他们凭借专业知识设计出来的产品直接提供给普通用户使用时，普通用户与设计师对产品的认知很可能会出现较大偏差。

构建类玩具作为一种可投放于教学活动的产品，其使用效果需要符合相关教学设计的要求，即可以体现某种教育思想或实现某些教学目标。因此只有当用户、设计师、教育者从各自角度对构建类玩具给予共同认可时，构建类玩具才能实现真正意义上的"达标"。

1. 构建类玩具的评价指标

构建类玩具的评价指标可分为体验评价指标与教学评价指标两个部分。

首先，统一用户与设计师的评价标准，为判断构建类玩具能否在用户体验过程中体现设计意图提供必要参考。根据这一思路，可以从用户体验过程的三个维度（感官、操作、领悟）入手，结合前文中针对各个维度用户体验的研究结论，建立适合用户与设计师评价的指标体系（见表7-2）。在对具体的构建类玩具进行评价时，可结合相关特征对各项指标的细节进行更加精确的描述。

表7-2 针对构建类玩具用户体验维度的评价指标体系

体验维度	指标内容
感官体验	玩具模块的形态可以帮助用户初步辨识玩具的应用特征
	玩具模块的形态可以有效传递某种情感
	玩具模块的色彩可以体现某种游戏风格
	玩具的材料可以引发用户产生与课程情境有关的联想
操作体验	玩具的游戏架构可以支持用户掌握相关知识、技能
	玩具的游戏架构可以帮助用户在有限时间内高效学习
	玩具的游戏架构可以使用户产生操作动机
	玩具的游戏架构使用户能够较长时间保持投入状态
	玩具的游戏架构能够引导用户拥有身临其境的感受
	玩具的游戏架构可以为用户提供操作上的辅助引导
	玩具的模块连接方式可以提供正确操作的线索
	玩具的模块连接方式易于模块的组合与拆分
	玩具的模块连接方式有利于组合结构保持良好的稳定性
	玩具的模块连接方式可以支持自由度较高的组合玩法
领悟体验	玩具实用功能的表现形式可以使用户回想起在游戏功能体验阶段所接触的知识、技能，从而有助于学习迁移的产生

其次，从教育者的视角，对一款构建类玩具优劣程度的评价可从其对教学活动的支持效果来衡量，具体可分为演示效果、学生操作效果两个方面。可根据实际情况，从以下内容中挑选或创建出合适的指标，以形成更有针对性的评价体系。

（1）演示效果方面 演示效果方面的指标包括构建类玩具呈现的组合现象是否科学、是否恰当、是否符合本阶段教学要求，呈现的现象是否清晰、适宜观察，是否引导学生从多视角进行观察、调动多感官参与学习活动。

（2）学生操作效果方面 学生操作效果方面的指标包括供自主观察发现的显性内容、隐性内容的设计是否科学、恰当，是否允许学生采用多种方法进行操作，是否有利于学生体验相关程序，是否有利于训练学生的操作技巧，自主操作的难度设计是否恰当，是否有利于同伴之间的相互交流合作。

2. 构建类玩具的指标权重

在体验评价环节，虽然感官体验、操作体验、领悟体验处于同等重要的地位，但是这三种体验维度各自所包含具体指标的权重关系会因评价对象、评价目的的不同而存在明显差异。对于构建类玩具的设计而言，用户与设计师在认知体验上能够形成一致是非常关键的。基于这一原因，可以将设计师对于各项指标的侧重判断（各种设计因素的权重分配）与用户对于同一指标在体验效果上的认同情况进行一一对照，借以明确相关设计是否全面达到预期的目标。

在教学评价环节，各项指标的权重需要依据具体教学计划中对于不同目标的强调程度予以灵活界定。此外，在评价建构性学习理念与构建类玩具载体的融合情况时，可依据建构主义学习理论的核心要点，适当增大用户对知识的主动建构、收获结构性和非结构性知识、在情境中学习并应用知识等表现指标的权重，从而帮助评价者清晰地判断相关玩具是否能够有效承载目前较先进的学习之道。

3. 构建类玩具的评价方法

根据构建类玩具评价指标与权重的特征，评价方法可分为两个阶段（见图7-2）。

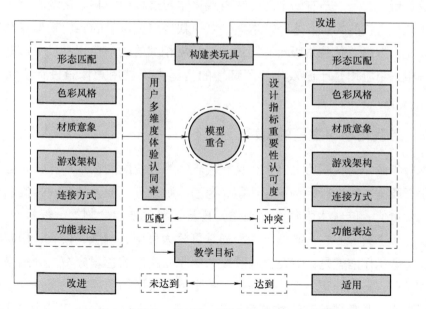

图7-2 "用户—设计师—教育者"三方评价模型

第一阶段，通过问卷量表的方式获取用户和设计师对于某一构建类玩具在各种体验维度上的心理感受，再利用统计手段，把用户在多维度体验过程中对于各项指标的认同率与设计师对于该设计各项指标重要性的认可度进行匹配，根据两组数据间的相似（重合）程度来得出评价的结果（匹配，冲突），以此衡量教学目标的实现水平。在匹配程度较高的情况下，可直接进行下一阶段的教学评价。若匹配程度较低，可针对差异较大的指标分析产生差异的原因，进而对相关设计进行有针对性的调整。只有匹配检验效果达标后，才可进入下一阶段的评价。

第二阶段，围绕游戏化教学的目标筛选出适合的评价指标，并通过专家评估法确定不同指标的权重。对各项指标的检测评价如达到相关教学目标，则表明构建类玩具符合游戏化学习的评价标准。若未能达到教学目标，则需要针对未达标的项目，在构建类玩具各个体验维度的设计要素上找寻原因，并根据玩具被改进后的评价结果，判断相关设计是否合适。

7.3　基于游戏化学习环境的构建类玩具设计案例的解析

在全社会努力振兴中华民族传统文化的时代感召下，将传统工艺的精髓融入构建类玩具，是一条有助于儿童在游戏化学习过程中潜移默化地理解、掌握传统工艺核心技能的重要途径。本案例以一款构建类玩具的实用新型专利的研发为依托，围绕"传统木版年画"的主题开展相关的构建类玩具设计实践。在此过程中，将应用基于游戏化学习环境的构建类玩具用户体验设计方法进行设计。

7.3.1　游戏化学习主题的概况

木版年画作为我国历史悠久、具有代表性的传统民间艺术形式，它运用原始的手工雕刻木版进行印制，在造型、色彩、制作等方面，具有独特的艺术风格与人文价值。传统木版年画的制作工具及材料主要包含刻刀、刻板、颜料、纸张、拓印工具等。它在制作步骤上通常可分为分版、制版、校版、印制四道工序。主要制作内容是：①在分版阶段依照原始图案的色彩分布，分别描绘出线稿和色稿，一色一稿。在此过程中，多张色稿版面的内容在空间位置上要保持相互吻合，避免错位。②按照色稿进行制版，一色一版。在刻制版面阶段，刻板上凸起的造型轮廓要清晰准确，如图7-3所示。③在校版阶段，确认每块版面的效果是否达到预期要求，若发现问题要及时修版。④在套色印制阶段，要确保拓印纸张与每块着色印版能够充分接触。此外，为避免重色对其他颜色的影响，要按照色彩由浅至深的顺序依次进行套印。

图 7-3　木版年画的制版

7.3.2 "传统木版年画"构建类玩具的设计

1. 设计调研

设计调研是发掘用户需求、定位相关问题的阶段。本玩具的使用人群主要是 7~12 岁的儿童。通过对这一年龄阶段儿童的认知心理、行为能力、知识水平、学习环境的调查分析,结合本案例所涉及的游戏化学习内容,发现其中有一些与体验有关的问题,需要借助设计手段给予合理解决。

首先,一款旨在让用户接受传统工艺启蒙学习的制作类玩具的设计目标是使儿童用户能够在适合自身素质条件的工艺制造活动中,顺利学习必要的工艺知识与技能。因此,在具体的设计过程当中,可以将相关传统工艺流程细致梳理后进行化繁为简的处理。经过前期调研与分析提炼,归纳出在此款传统工艺制作类玩具设计中,每个制作环节都需要保留的传统工艺要素(学习重点)以及亟待处理的关键问题,如图 7-4 所示。

其次,由于低、中、高年级儿童用户在认知水平、动手能力、知识储备方面存在差异,即便是同一用户,随着其能力、经验的发展,他对于构建类玩具体验需求的层次也在不断提升。因此这款构建类玩具应该能够全面满足此年龄阶段儿童用户的使用需求,在"操作方法""游戏难度"上进行某些弹性化处理。

最后,除了引导儿童用户学习传统年画制作技巧以外,还需要让他们借助此款玩具在探究知识原理、创新、理解传统工艺价值方面有所收获,因此需要选择一套合适的游戏组织结构来衔接相关的游戏化学习任务,让儿童用户得到全方位的锻炼。

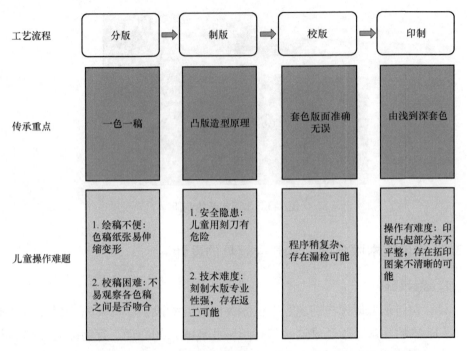

图 7-4 "传统木版年画"构建类玩具所涉及的工艺要素和关键问题分析

2. 设计方案的制订

根据设计调研阶段所获取的信息，利用基于游戏化学习环境的构建类玩具用户体验设计方法来制订系统的设计方案。

（1）功能定义　为了给用户创造"玩以致学，学以致用"的平台，此款构建类玩具的功能配置可以从游戏功能与实用功能两个方面进行综合考量。

在游戏功能配置方面，按照传统木版年画的工艺流程，它包含"分版""制版""校版""印制"四道工序。在这些工序中用户应掌握的是一色一稿（版）、凸版造型原理、版面核对、套色技巧的知识，因此在玩具的功能配置层面，需要对这些学习内容予以全面支持。与此同时，在各个工艺流程中，也存在一些用户较难克服的问题，需要借助功能层面的优化调整，使此款玩具符合用户的游戏化学习需求。

1）在分版阶段，由于描摹各版色稿所用的纸张透明度偏低、柔软易变形，绘稿困难、校稿不便，因此在分版系统中需要具有透明度高、结构稳定的功能要素的融入。

2）在制版阶段，由于传统制作工具（刻刀）与制作材料（木板）不太适合儿童用户，并且用户所需学习的内容重点是凸版造型原理，因而可以在保留传统工艺内涵的基础上对其功能配置进行优化。考虑到传统制版工艺与构建类玩具的"模块组合"都具有造型创作的性质，而利用模块组合的方式进行"制版"可以降低安全隐患和技术难度，因此该阶段需要拥有模块化制版功能的系统加入。

3）在校版阶段，用户出现遗漏检查区域的情况，其原因主要是雕刻版面与原始样稿对照检查不方便。因而构建类玩具需要可以支持"重合对比"功能的系统的加入，以提高校版的准确性和效率。

4）在印制阶段，图案拓印不清晰的原因，主要是印版凸起部分不平整，导致附着在其上方的颜料与纸张接触不充分。对于没有经验的新手来说这种情况是较难处理的，因此需要配置相应的功能来保持印版上待拓印的区域均处于同一平面，而且制版模块的着色面应保持水平，以防止其上方颜料倾斜流失，从而保证较好的拓印效果。

在实用功能配置方面，从用户领悟体验的视角来看，目标是让儿童用户通过对这款构建类玩具的操作，在获得木版年画技艺启蒙的同时能够凭借对体验过程的回顾，深切理解木版年画技艺在现代社会存在的价值。为了达到这一目标，需要在玩具实用功能的设计阶段，让用户体会到传统木版年画技艺与现代生活的紧密联系。考虑到玩具的实用功能一般呈现于体验过程的末端，因此可在用户体验玩具游戏功能（印制年画）的基础上，为玩具增设和"拓印"相关的扩展功能。如对玩具的图案拓印载体进行调整，用现代生活中的一些物件替代传统的纸张，如T恤、卡片等。在保持玩具实用功能与游戏功能的表现形式变化不大的情况下，引导儿童用户将游戏功能阶段所学习的相关技艺顺利迁移到其他应用领域，以获得更加深刻的领悟体验。

综上所述，此款构建类玩具需要含有以下功能配置及属性（见图7-5）。

（2）结构布局　考虑到不同用户知识经验和能力水平的差异，从因材施教的角度出发，此款构建类玩具在游戏架构的整体布局上，应既支持普通用户按照标准工艺流程进行分阶段的游戏化学习操作，也支持高水平用户在相关阶段中进行新知识、新玩法的探索与尝试。因此在探究阶段增添的游戏化学习任务包括：运用与凸版相对的凹版技术进行制版，由单人的独立制版转变为每人负责制作一块色版的多人协作制版。此外，在基本任务完成后，用户还可以利用此款玩具将改造后的个性化图案拓印至不同的载体上，以锻炼想象力与创造力。

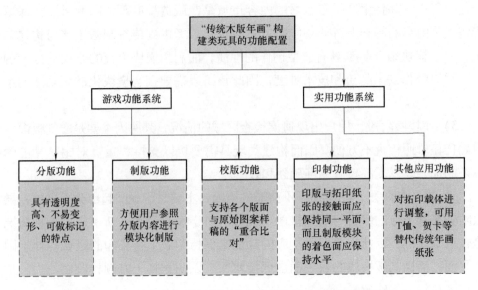

图 7-5 "传统木版年画"构建类玩具的功能配置和属性

根据上述游戏化学习任务的性质，此款玩具在游戏架构层面可参考"建构性游戏化学习结构"来组织各个游戏学习任务。"传统木版年画"构建类玩具的游戏架构如图 7-6 所示。

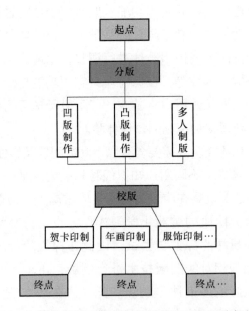

图 7-6 "传统木版年画"构建类玩具的游戏架构

参考此游戏架构的任务分布情况以及在"功能定义"阶段对各个功能配置的特征描述，梳理出"传统木版年画"构建类玩具功能模块间的层级关系，如图 7-7 所示。在这一层级结构中，产品名称位于层级顶部，下一级层级节点对应产品的子功能分块，这些子功能分块为实现上一级产品功能提供了必要条件。需要指出的是，为了解决"分版""校版"阶段儿童用户在操作上所面临的问题，传统版面的木质基层部分选用透明度高（便于实时观察各版面的情况，有利于各色版与原始样稿之间的"重合比对"）、硬度高（不伸缩变形）的板材来替代。

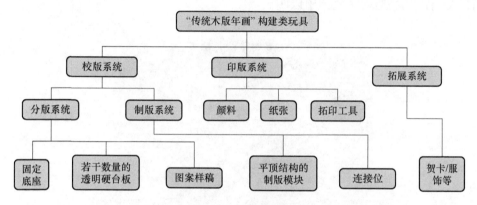

图 7-7 "传统木版年画"构建类玩具的功能层级关系

按照以上层级关系，用较为形象的结构布局图的形式予以表达（见图 7-8），以便为相关设计要素的进一步细化提供明确方向。

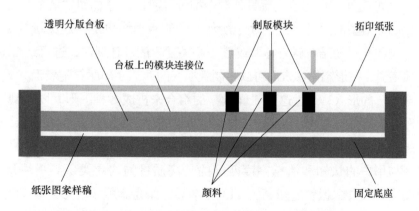

图 7-8 "传统木版年画"构建类玩具的结构布局图

（3）交互设置　此构建类玩具涉及空间、物质、信息层面的交互，空间交互是这些交互关系的基础,其中又以制版模块与台板间交互方式的设置最为关键。考虑到课堂教学的时空条件,使学生在规定时间内尽量减少失误,同时也要降低玩具意外跌落给游戏化学习体验所造成的影响,因此对该玩具的制版造型模块在拼装信息的即时反馈、模块组合结构的稳定方面的要求较高。参考模块连接的设计规律,可以在拼搭式连接的基础上选择插接式连接的方式进行模块组合。与此同时,为了提升插接式连接的自由组合度,透明台板上的模块连接位以密集阵列状形式分布,相关位置上是纵穿台板的插孔,以利于制版模块在台板上的插入固定,如图 7-9 所示。此外,该玩具中其他模块间的交互方式可以参考产品的结构布局,予以明确。

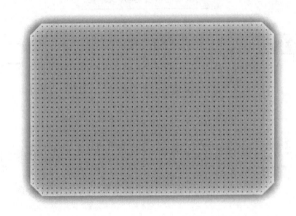

图 7-9 "传统木版年画"构建类玩具台板顶面的连接位分布

(4)造型设计 在构建类玩具外观造型设计阶段,考虑到"制版"工序是决定年画画面造型的关键,此工序中所涉及的制版模块也是构建类玩具造型设计的重点,因此需要结合感官体验维度中相关要素的设计规律,进行综合考量。

具体来说,在形态设计方面可以将制版模块的顶部(即颜料附着面)设计成点状"像素"的形式,通过这些"像素"的组合来拼成各种图形,以达到安全、灵活制作各个版面的效果。各块色版与拓印效果的对应关系如图 7-10 所示,图中各个色版上的色块都是由一些附着对应色彩的通用制版模块集中形成的。

参考与用户的认知和情感高度匹配的"高质量的构建类玩具模块形态",选择拼图类型玩具中识别度较高的 T13 样本形态作为制版模块形态设计的参考原型。选择 T13 的原因是:首先其形态能够让大部分目标用户识别出它的"身份"(一款平面拼图型玩具),这与此款年画玩具的操作类型相吻合。其次,T13 能够让目标用户产生"传统""简易""多样"等感性意象,这与本次设计

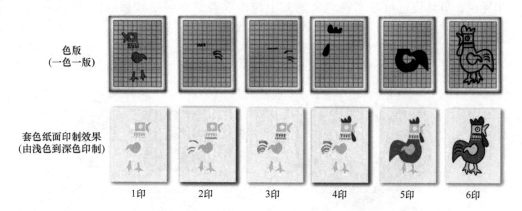

图 7-10 各块色版与拓印效果的对应关系示意图

所要传递给用户的情感信息相一致。需要说明的是，在选定 T13 作为形态原型的基础上，还要根据具体的设计要求，对此原型进行相应的改造。改造主要集中在三个方面：首先由于原型的顶部带有一些弧度，这样的结构易造成附着在其上方的颜料的流失，对拓印效果会产生影响。因此在改造中，将制版模块顶部调整为平顶形式。其次将原型上半部分的直径缩小，以便制版时能够进行细致的造型表现（类似于"将画笔笔尖变细以利于细节刻画"的原理）。最后为了使制版模块更好地固定在台板上，将原型下半部分的柱体长度适当延长，以使制版模块插入台板的"根基"更加深固，如图 7-11 所示。

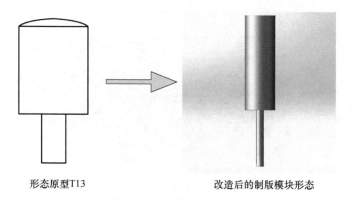

图 7-11 针对形态原型 T13 的改造

在色彩方面，考虑到此款构建类玩具需支持"构建类游戏风格"的游戏操作，因此在色彩感性设计上应予以必要反映，以使用户体会到相关的游戏风格。为了便于用户区分不同色彩的版面，制版模块的固有色被设置为冷色、暖色、中性色，具体设置可参考在意象感知上与构建类游戏风格较接近的 10 余种色彩，如图 7-12 所示。

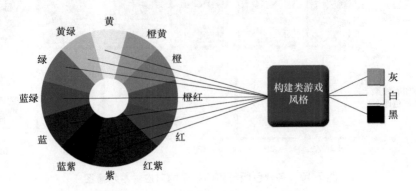

图 7-12　针对构建类游戏风格的色彩选择

在材料方面，考虑到应用此款玩具进行游戏化教学的目的是让儿童用户在感受传统文化的同时，加强其对相关技术原理的理解与应用，因此相关的游戏化学习应具有"技术应用"与"人文熏陶"相互融合的特征（内容更偏重于"技术应用"）。为了让儿童用户感知与技术应用类课程相关的学习情境，在此款构建类玩具主要制作材料的选择上参考相关的设计规律，选择塑料作为主要材料。塑料材质的透明台板如图 7-13 所示，塑料材质的固定底座如图 7-14 所示。此外，一些玩具附件所使用的纸类材料，也为学习情境增添了一些人文色彩。

图 7-13　塑料材质的透明台板

在设计方案的整合阶段，将每个程序中所产生的设计构思进行融合，最终形成一套造型紧凑、功能合理的构建类玩具设计方案。该设计方案的产品主体分解图如图 7-15 所示。

图 7-14 塑料材质的固定底座

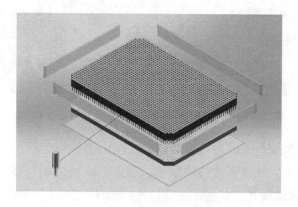

图 7-15 产品主体分解图

3. 设计方案的呈现

通过对"传统木版年画"构建类玩具设计方案中各项要素的逐一明确,形成了产品设计模型,如图 7-16 所示。

此款玩具的创新点在于:

1)利用表面带有凹孔的透明塑料台板来整合传统工艺中分色稿纸与木刻板的功能:将彩色样稿的画面朝上置于嵌入式固定底座的内部,在样稿上方固定相应的透明台板。通过这样的方式,儿童用户能够透过上层的透明台板轻松观察、对比底层的原始样稿,以便顺利进行后续的分版、制版、校版工作。

2)将制版模块按照被置于透明塑料台板下方的彩色样稿的色彩分布情况,对应插装在分属不同色版的透明塑料台板的凹孔中,从而形成独特的"活版"样式。较之于传统的木刻制版,这样的模块化制版方式具有安全、灵活、扩展性强、可重复利用等功效。

3)将颜料涂于各版面制版模块的顶部,并利用粘贴在底座围板一侧的纸

图 7-16 "传统木版年画"构建类玩具的设计模型

张,按照从浅色到深色的顺序依次对嵌进底座内的各块色版进行拓印(一块色版拓印好后,从嵌入式透明底座中取出,放入下一块色版,对同一纸张进行再次拓印)。利用这款玩具,儿童用户能够按照传统工艺的简化流程,印制出各种图案的作品。这款玩具可以广泛应用于年画、贺卡、宣传单、服饰等印刷品制作领域。

4)在游戏化学习方式上,此款玩具除了支持常规使用之外,还可以进行相关操作任务的深化与拓展,例如由凸版转变为凹版的拓印操作、由单人的制版操作转变为每人负责制作一块色版的多人协作。此款玩具在增强玩具可玩性的同时,也使儿童用户在多角度的探索实践中加强了对相关知识、技能的掌握。

此款构建类玩具模型的常规使用流程,如图 7-17 所示。

7.3.3 "传统木版年画"构建类玩具的评价

运用构建类玩具的游戏化学习评价方法对"传统木版年画"构建类玩具的设计进行系统评价。评价过程共分为两个阶段:

(1)用户、设计人员的评价结果匹配 围绕此设计,从形态、色彩、材料、游戏架构、连接方式、功能关系六个评价维度出发,建立了包含 22 个评价指标的指标体系。该指标体系能够从"体验"视角出发,对玩具进行全面评

1. 拼装图案

2. 将印有拼装图案的纸张置于透明插孔台板的下方

3. 按照图案往台板上插入对应的颜色模块，每套颜色分别使用一块台板

4. 往模块顶部沾涂相应的颜料

5. 涂好颜料后，用纸覆盖

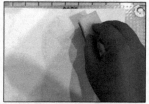
6. 用海绵干净的一面，轻轻按压纸面，使沾涂在各个台板模块上的颜料与纸张依次接触

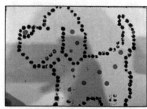
7. 当拓印完成后，将纸张翻过来，观察最终效果

8. 可在台板的空白区域，自由添加任意图形，对原始图案进行"改造"

9. 利用此玩具，可将各种图案印制在贺卡、衣物上，以增强玩具的"实用性"

图 7-17 构建类玩具模型的常规使用流程

价。在此基础上，采用李克特量表（Likert Scale）的方式进行问卷设计，并让用户、设计师对其进行逐一作答。问卷的答案分为 6 个等级，1 级表示未能获得（相关体验）或不认可（指标在此设计中的重要性），2 级表示不太能够获得或不太认可，3 级表示稍微能够获得或有点认可，4 级表示比较能够获得或比较认可，5 级表示能够获得或能够认可，6 级表示非常能够获得或非常认可。此次评价共邀请 40 名 7～12 岁的用户（年龄分布大体均匀）以及参与"传统木版年画"构建类玩具设计项目的 10 位专业设计人员参与评定，双方评价结果详见附录 G。

将用户的认同率（选择"比较肯定"及以上的人数占比）与设计人员的认可度（选择"比较肯定"及以上的人数占比）在各项指标上进行一一对比分析，并以折线图的形式呈现，如图 7-18 所示。从结果可以了解，在"形态匹配""色彩风格""材质意象""游戏架构""连接方式""功能关系"六类评价项目上,有80%以上的用户与设计人员可以形成"比较肯定"及以上的共识,而且在各个指标上所占人数比例均较为接近(重合度较高)。这说明此款构建类玩具在用户体验方面较好地达到了预期的设计要求。

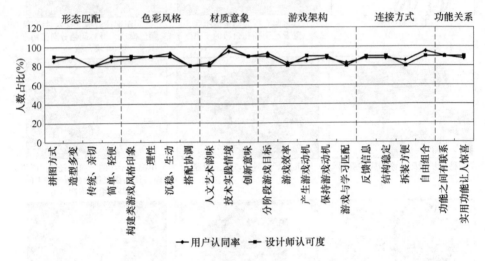

图7-18 用户认同率与设计师认可度的对比分析

(2) 教学目标评价 邀请长期从事儿童游戏化教育的资深教师、传统年画工艺传承人和相关研究领域的副教授共10人,组成教育专家评估组。首先,教育专家评估组在观察相关的操作演示后,对构建类玩具的教学演示效果给予了充分肯定。他们一致认为这款构建类玩具能够清晰地呈现传统年画的基本流程,并且适宜学习者从多角度对这一过程进行观察。其次,为了让评价结果更具参考价值,增加了未进行构建类玩具干预的传统教学组(38位7~12岁儿童,年龄分布均匀,该组只开展有关"传统年画制作工艺"主题的讲授式教学活动)以做比较。经过教育专家评估组的研讨与测算,最终确定教学项目的目标为"用户对传统年画基本工艺流程的了解"(权重系数0.6)、"探索发现新的知识、技能"(权重系数0.3)、"领悟传统年画工艺在现代社会存在的价值"(权重系数0.1)。在此基础上,通过将学习者的各项学习表现(百分制成绩)进行加权合计的方式,获得综合评分。

为了检验和比较两种教学方式在学习成果上的差异,对学习者的相关学习情况进行了前测与后测,并利用SPSS的独立样本t检验对两组数据进行分析,结果见表7-3。两组学习者前后学习情况的差异见图7-19。

表 7-3　两组学习者学习情况的结果

测试	组别	综合评分均值（标准差）	df	t	p
前测	使用构建类玩具组	19.53±7.37	76	0.35	0.73
	传统教学组	18.95±7.29			
后测	使用构建类玩具组	89.43±3.08	59	22.00	0.00
	传统教学组	67.63±5.32			

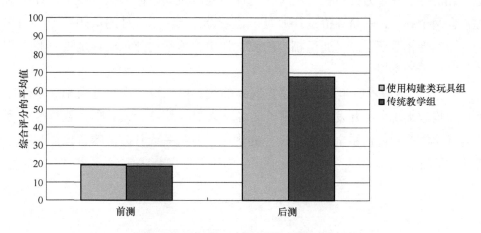

图 7-19　两组学习者前后学习情况的差异

在前测阶段，使用构建类玩具组和传统教学组差异不明显，说明两组学习者的相关知识经验处于同一水平。后测结果显示，使用构建类玩具的学习者和接受传统教学的学习者的综合成绩均显著高于前测，并且使用构建类玩具的学习者所取得的成绩明显优于接受传统教学的学习者，这说明此款构建类玩具对于传统年画工艺启蒙教学的支持效果较为理想。

由上述评价结果可知，应用此"构建类玩具用户体验设计方法"设计出的玩具在用户体验以及游戏化学习效果上均达到了预期要求，进而可以证明此设计方法能够为基于游戏化学习环境的构建类玩具的设计研发提供有效支持。

7.4　本章小结

构建类玩具用户体验设计方法的建立需要参考相应的模块化系统的构建思路，以使各个体验维度上相关要素的设计规律能够得到合理应用。针对这一情况，本章提出了一套较为系统的构建类玩具用户体验设计方法。

主要内容如下：

1）结合本书前几章的研究成果，参考模块化系统构建策略，对各个体验要素设计规律的应用条件进行了设置，以形成合理的"基于游戏化学习环境的构建类玩具用户体验设计方法"，从中生成"构建类玩具用户体验设计过程模型"。

2）提出构建类玩具的游戏化学习评价体系。该体系从评价指标、指标权重、评价方法三个方面对构建类玩具的评价范围及具体内容进行规范。评价流程包含两个环节，一是评价设计师对于各项设计指标重要性的认知能否与用户的体验感受相匹配，二是通过相应的教学评价，检验构建类玩具是否有利于相关教学目标的实现。

3）在"传统木版年画"构建类玩具的设计中，设计人员遵循相关设计方法进行构建类玩具的开发，参与评价的各方人员（用户、设计师、教师等）利用游戏化学习评价体系全面衡量设计的优劣，对相关设计方法的合理性与有效性予以验证。

Appendix 附录

附录 A 关于构建类玩具的调查问卷

尊敬的老师：

您好！这份不记名调查问卷旨在调查目前利用构建类玩具（乐高玩具、七巧板玩具、各种积木玩具等）开展游戏化教学的状况。主要希望了解各位对于构建类玩具的看法，以此为构建类教育玩具的设计提供重要依据。请根据您的实际情况回答这份调查问卷，调查结果仅用于整体分析，不会对外公开。

感谢您的支持与帮助！

构建类玩具设计研究组

您的身份：

a）小学教师　　　b）校外培训机构教师　　　c）教育专业实习学生

您接触构建类玩具教学的时间：

a）不到 3 年　　b）3～5 年　　c）6～10 年　　d）10 年以上

您教学对象的主要年龄（可多选）：

a）不到 7 岁　　b）7～9 岁　　c）10～12 岁　　d）12 岁以上

在下列选项中，请在符合您的想法的选项上打钩或将相关选项填写在对应的横线上。

1. 您认为构建类玩具在游戏化教学中的重要性如何？

a）重要　　b）一般　　c）不太重要

2. 您认为操作构建类玩具最有利于学生哪些方面的发展（请按作用大小依次填写最重要的三项）？

a）智力　　b）感知运动技能　　c）想象力、创造力　　d）艺术审美

e）知识水平　　f）情绪情感　　g）社会化

作用由大到小：_____，_____，_____。

3. 您目前所教授的与构建类玩具相关的课程主题是 （可多选）。

　　a）科技类　　b）数学类　　c）语文类　　d）外语类

　　e）美术类　　f）综合类

4. 您最希望今后在_____课程中可以加大构建类玩具材料的投放（请写一门课程名称）。

5. 您认为相关构建类玩具与您所教授的课程知识的关联程度如何？

　　a）关系紧密　　b）关系一般　　c）关系不紧密

6. 您认为构建类玩具在呈现相关课程知识方面，最应该重视的是_____。

　　a）知识呈现清晰　　b）突出知识重点

　　c）知识呈现有条理性　　d）知识趣味化呈现

7. 您认为借助构建类玩具展现课程知识，适宜采用以下哪些方式？

　　a）和盘托出式　　b）循序渐进式　　c）随机分布式

8. 您认为学生利用构建类玩具能够达到的掌握知识的理想程度是什么？

　　a）活学活用　　b）理解内容　　c）学以致用　　d）了解应用

9. 如果将构建类玩具的游戏化学习过程，由浅及深依次分为感官体验、操作体验、领悟体验三个维度，您认为每一个维度所对应的体验重点是什么？

　　感官体验_____，操作体验_____，领悟体验_____。

　　a）游戏　　b）学习　　c）游戏＋学习

10. 您认为学生会从构建类玩具的哪些要素中获得相应的体验（空栏最多可填两项，每个选项限选一次）？

　　感官体验维度_____，操作体验维度_____，领悟体验维度_____。

　　a）外观　　b）连接方式　　c）功能　　d）游戏组织架构

11. 您认为在游戏化学习活动中，游戏对于探究式学习而言最重要的作用是什么？

　　a）产生愉悦情绪　　b）可以反复尝试

　　c）引导发现问题　　d）使过程富有挑战性

12. 学生在操作构建类玩具时，您认为哪些要素会让他们获得成就感？

　　a）阶段性成果　　b）周围人的赞扬　　c）外部奖励　　d）最终成果

13. 您认为以下哪个要素是构建类玩具激发学生产生使用动机的重要条件？

a）具有让人印象深刻的要素　　b）具有讨人喜欢的要素
c）具有与所学知识内容相关的要素　　d）具有引发好奇的要素

14. 您认为构建类玩具如何让学生保持持续性操作动机？

a）有新的发现或收获　　b）保持操作过程的顺利

15. 您的课堂上什么形式的构建类玩具是大部分学生愿意主动接触的（多选）？

a）具有典型的玩具特征　　b）呈现某种游戏风格倾向
c）与课程主题产生联系　　d）其他_____

16. 对于构建类玩具的制作材料，您认为其最重要的品质是什么？

a）安全　　b）廉价　　c）与知识背景相关联　　d）可回收利用

17. 您认为下列哪些因素是构建类玩具形成情境化教学的条件（多选）？

a）功能　　b）操作方法　　c）外观　　d）品牌

18. 在您接触过的构建类玩具中，哪种构建类玩具是学生普遍掌握其操作方法最快的？

a）玩具上有指示标记　　b）结构简单
c）提供说明书　　d）与以往的使用经验相类似

19. 在学生操作构建类玩具时，需要玩具及时反馈吗？理由是_____。

a）需要　　b）不需要

20. 您认为构建类玩具应该向学生提供一个什么样的操作平台（多选）？

a）为开放型任务提供明确操作指引
b）为开放型任务提供自由创作空间
c）为封闭型任务提供自由创作空间
d）为封闭型任务提供明确操作线索

21. 在学生利用构建类玩具执行协作任务时，您觉得要注意哪些问题（多选）？

a）任务之间既保持独立，又有联系
b）分工协作不能影响个体对于知识的完整获取
c）任务合理分配

22. 您觉得有必要让构建类玩具拥有实用功能吗？如果有必要，理由是_____。

a）有必要　　b）没必要

附录 B　构建类玩具模块的典型形态图例

样品编号	T1	T2	T3	T4	T5	T6	T7
模块外形 1~7							

样品编号	T8	T9	T10	T11	T12	T13	T14
模块外形 8~14							

样品编号	T15	T16	T17	T18	T19	T20	T21
模块外形 15~21							

样品编号	T22	T23	T24	T25	T26	T27	T28
模块外形 22~28							

样品编号	T29	T30	T31	T32	T33	T34	T35
模块外形 29~35							

注：编号为 T5、T10、T23、T25 等样品的模块外形中，灰色区域是与主体材质不同的部分。

附录 C 色彩感性评分的平均值

	感性词汇	红	黄	蓝	橙	紫	绿	橙红	橙黄	黄绿	蓝绿	蓝紫	紫红	白	灰	黑
1	规律的——无序的	4	2	1	4	3	2	4	5	3	2	1	4	1	1	1
2	活泼的——刻板的	1	2	4	2	4	3	1	1	1	2	4	2	3	4	5
3	安全的——危险的	4	2	2	2	2	2	5	4	2	3	2	3	1	3	4
4	有趣的——乏味的	2	1	2	2	3	3	1	1	1	2	5	5	5	3
5	绚烂的——素净的	2	1	4	2	5	4	2	2	2	4	4	2	5	4	3
6	经典的——流行的	1	2	2	4	4	2	5	2	2	3	3	5	2	2	1
7	浪漫的——理智的	2	1	5	3	1	3	2	3	2	4	1	2	1	5	5
8	和谐的——冲突的	5	2	2	4	1	3	4	5	1	1	1	4	1	1	3
9	严肃的——轻松的	2	4	2	4	4	4	4	4	2	2	3	4	4	1	1
10	简易的——复杂的	3	2	2	2	2	2	1	1	1	1	2	2	1	1	1
11	专业的——业余的	3	3	2	4	3	2	4	5	5	3	3	4	1	1	1
12	稳定的——多变的	4	2	1	3	1	2	4	4	3	1	5	5	5	5	5

附录 D 构建类玩具材料感性评分的平均值

	感性词汇	木材	纸张	塑料	金属	石材	黏土
1	严肃的——轻松的	3.35	4.29	2.67	1.35	2.29	5.00
2	含蓄的——张扬的	2.33	4.50	3.00	2.00	2.00	4.71
3	精细的——粗糙的	3.00	3.43	2.29	1.43	3.50	4.00
4	专业的——业余的	3.00	4.43	2.43	1.85	3.29	3.86
5	个性的——大众的	4.00	4.86	3.00	2.29	3.86	4.75
6	创新的——保守的	3.96	4.00	2.00	2.16	4.00	3.43
7	理性的——感性的	3.00	4.86	2.43	2.00	3.20	4.33
8	现代的——传统的	4.00	4.00	2.29	1.43	4.00	4.00
9	复杂的——精炼的	3.60	3.85	3.50	2.00	3.67	4.29
10	装饰的——质朴的	4.00	2.00	3.43	3.14	4.00	2.50
11	协作的——独立的	3.00	3.00	3.00	3.00	3.00	3.14

(续)

	感性词汇	木材	纸张	塑料	金属	石材	黏土
12	经验的——探索的	3.16	2.00	3.14	2.86	2.85	2.33
13	具象的——抽象的	3.50	4.29	3.14	2.71	3.50	2.85
14	神秘的——公开的	3.33	4.00	3.00	2.50	2.95	3.00
15	丰富的——单一的	3.00	2.00	2.50	2.86	3.50	1.50
16	稳定的——多变的	1.71	2.00	2.86	1.71	2.00	2.00
17	高端的——低端的	3.86	4.57	3.00	2.50	4.57	3.75
18	自然的——人造的	1.98	3.14	5.00	4.71	2.71	2.35
19	高雅的——通俗的	4.00	4.43	4.00	4.00	4.00	2.96
20	真实的——虚幻的	1.85	4.67	2.43	2.00	2.00	4.50

附录 E 构建类玩具操作指南

一、单线型任务操作指南

请按照下列操作步骤（见图 E-1）来搭建一座桥梁模型。

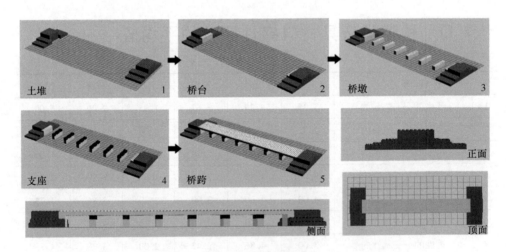

图 E-1 操作步骤图

二、多线归一型任务操作指南

请按照图 E-2 中桥梁的形式来搭建一座桥梁模型。

图 E-2　桥梁

三、多线开放型任务操作指南

请按照"桥"的释义（见图 E-3）结合自己的想象来搭建一座桥梁模型。

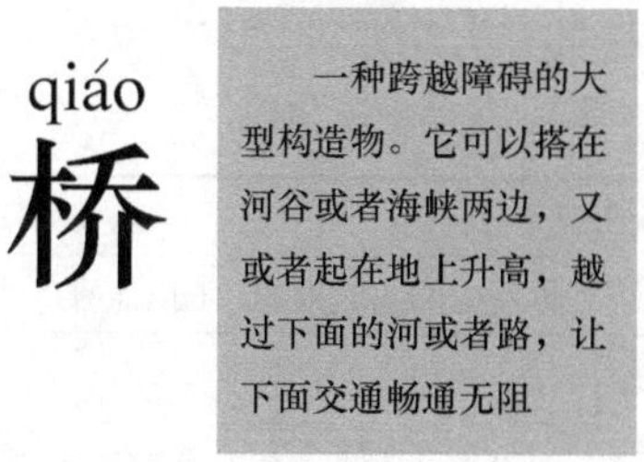

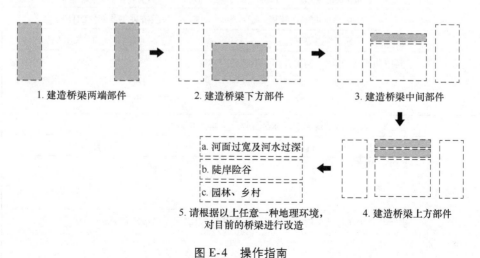

图 E-3　"桥"的释义

四、建构性游戏化学习任务操作指南

请按照图 E-4 中方框提示的空间位置，依次搭建出桥梁模型的各个部分（步骤 5 为可选操作任务）。

图 E-4　操作指南

附录 F　构建类玩具游戏架构的可用性调查问卷

亲爱的同学：

你好！非常感谢你参加本次问卷调查。

构建类玩具的游戏架构是指同学们在进行拼装游戏过程中，所遇到的一系列任务的呈现、排列方式，它影响着游戏的过程与结果。本问卷的目的在于通过了解游戏化学习过程中，同学们在不同构建类玩具游戏架构作用下掌握知识以及满意度的情况，以确立构建类玩具游戏架构的理想形式，促进国内构建类玩具的发展。本调查问卷采用不记名方式，调查数据仅用于研究，不会给任何人带来影响，请如实填写。

1. 基本信息

NO.		测试者性别	□男　□女	年龄	
请在下列你所在的实验组的"□"内打"√"					
□　1 组　单线型任务组	这里	□　2 组　多线归一型任务组		□　3 组　多线开放型任务组	□　4 组　建构性游戏化学习任务组

2. 构建类玩具游戏架构的有效性、效率调查

请在结束游戏操作后回答下列问题，在合适的答案前的"□"内打"√"。

1	通过本次的游戏化学习，你了解了下列哪些知识？ □桥梁建造的基本流程　　□桥梁主要部件的作用 □桥梁的主要类型　　　　□不同类型桥梁的建造条件 请针对所选的知识，简要介绍一下相关内容：
2	通过本次构建类玩具操作，你是否收获了其他知识？ □有，请在下行逐条说明　　　　□没有 其他知识信息：
3	整个游戏化学习任务耗时（分钟）：（此栏目由研究人员填写记录）

3. 构建类玩具游戏架构的满意度测评

请在结束游戏操作后回答下列问题,在合适的答案的"○"内打"√"。

项目号	请从1~7分别代表"非常不符合"至"非常符合"的七个程度中选出最符合实际情况的一项							
	情况描述	1	2	3	4	5	6	7
1	在操作玩具时,我感受到了恰当难度的挑战。	○	○	○	○	○	○	○
2	在操作玩具时,我的思维流畅。	○	○	○	○	○	○	○
3	在操作玩具时,我感觉不到时间的流逝。	○	○	○	○	○	○	○
4	在操作玩具时,我能够毫无困难地集中注意力。	○	○	○	○	○	○	○
5	在操作玩具时,我的意识非常清楚。	○	○	○	○	○	○	○
6	在操作玩具时,我沉浸在我所做的事情中。	○	○	○	○	○	○	○
7	在操作玩具时,我所做的事情完全出于自愿。	○	○	○	○	○	○	○
8	在操作玩具时,我知道每一步应该做什么。	○	○	○	○	○	○	○
9	在操作玩具时,所有事情都在我的控制之中。	○	○	○	○	○	○	○
10	在操作玩具时,我完全投入我的思绪之中。	○	○	○	○	○	○	○
11	在操作玩具时,一些对于我来说很重要的事情正处于紧要关头。	○	○	○	○	○	○	○
12	在操作玩具时,我不会犯任何错误。	○	○	○	○	○	○	○
13	在操作玩具时,我担心失败。	○	○	○	○	○	○	○
14	在操作玩具时,我感到游戏与知识关联紧密。	○	○	○	○	○	○	○
15	在操作玩具时,我对游戏和学习都能保持热情。	○	○	○	○	○	○	○
16	在操作玩具时,相关主题的游戏过程使我产生一种身临其境的感觉。	○	○	○	○	○	○	○
17	在利用玩具进行相关游戏的过程中,我与其他同学能够配合。	○	○	○	○	○	○	○

附录 G 用户、设计师对于构建类玩具的评价情况汇总

一、用户多维度体验的评价情况

评价项目	具体指标	认同率（%）	评价项目	具体指标	认同率（%）
形态匹配	拼图方式的玩具	85.0	游戏架构	分阶段完成游戏	92.5
	拼图造型多变	90.0		在规定时间内完成各项任务	82.5
	给人传统、亲切的感觉	80.0		有开始游戏的想法	85.0
	给人简单、轻便的感觉	85.0		有一直进行游戏的意愿	87.5
色彩风格	产生"构建类游戏"的风格印象	87.5		各阶段的游戏任务与学习目标相契合	82.5
	给人理性的感觉	90.0	连接方式	即时反馈拼装信息	87.5
	沉稳而不乏生动	92.5		组合结构稳定	87.5
	搭配协调	80.0		拆装方便	85.0
				可自由组合	95.0
材质意象	人文艺术韵味	82.5	功能关系	玩具的年画制作功能与在衣物、贺卡上印制图案的功能有相似之处	90.0
	技术实践情境	95.0			
	创新意味	90.0		将图案印制在衣物、贺卡上的实用功能让人感到意外与惊喜	87.5

注：认同率为"比较肯定"及以上的人数百分比。

二、设计师对于评价指标重要性的认同情况

评价项目	具 体 指 标	认同率（%）	评价项目	具 体 指 标	认同率（%）
形态匹配	应体现玩具的拼图操作方式	90.0	游戏架构	游戏目标的分阶段设置	90.0
形态匹配	使用户了解玩具拥有组拼多种造型图案的可能	90.0	游戏架构	确保一定的游戏执行效率	80.0
形态匹配	散发传统、亲切的韵味	80.0	游戏架构	促进用户产生游戏动机	90.0
形态匹配	传递简单、轻便的感觉	90.0	游戏架构	使用户的游戏动机得到长时间保持	90.0
色彩风格	符合用户对于"构建类游戏"风格的整体印象	90.0	游戏架构	游戏任务与学习目标相互匹配	80.0
色彩风格	凸显"理性"的游戏特征	90.0	连接方式	必须即时反馈拼装信息，引导用户操作	90.0
色彩风格	追求沉稳而不乏生动	90.0	连接方式	组合结构具有稳定性	90.0
色彩风格	注重色彩搭配协调	80.0	连接方式	有利于快速拆装	80.0
色彩风格			连接方式	支持模块的自由组合	90.0
材质意象	体现人文艺术韵味	80.0	功能关系	加强玩具不同功能表达之间的内在与外在关联	90.0
材质意象	营造技术实践情境	100.0	功能关系	强调玩具实用功能给用户带来的意外与惊喜	90.0
材质意象	具有创新特色	90.0			

注：认同率为"比较肯定"及以上的人数百分比。

参 考 文 献

[1] 蒋宇. 玩出智慧：游戏化学习的魅力[M]. 北京：北京交通大学出版社，2016.

[2] 尹俊. 游戏化教育[M]. 北京：人民邮电出版社，2018.

[3] 杨达维. 传统工艺传承背景下的构建类玩具设计[J]. 包装工程，2019，40（6）：195-201.

[4] 樽本彻也. 用户体验与可用性测试[M]. 陈啸，译. 北京：人民邮电出版社，2015.

[5] JOHAN H. Homo ludens：a study of the play-element in culture[M]. Boston：Beacon Press，1971.

[6] KOEPP M J, GUNN R N, LAWRENCE A D, et al. Evidence for striatal dopamine release during a video game[J]. Nature，1998，393（5）：266-268.

[7] ALAN G S. Social decision-making：insights from game theory and neuroscience[J]. Science，2007，318（10）：598-602.

[8] ANTHONY D P. Games and play mean different things in an educational context[J]. Nature，2010，467（9）：27.

[9] VIRGINIA G. Education：free-range learning[J]. Nature，2013，493（1）：441-443.

[10] DAPHNE B, RICHARD J D. Games to do you good[J]. Nature，2013，494（2）：425-426.

[11] GRAHAM R P. Commentary：educational technology for the next five years the NMC horizon report[J]. Biochemistry and Molecular Biology Education，2014，42（3）：274.

[12] 亮森山. 中国创客教育蓝皮书：基础教育版[M]. 北京：人民邮电出版社，2016.

[13] 新三板研究极客. 玩具行业2018年H1财报点评：全球玩具市场低迷，关注IP授权玩具、教育玩具等细分机会[EB/OL]. (2018-09-20)[2021-09-27]. https://www.sohu.com/a/255028087_354900.

[14] 朱小虎. 基于PISA的学生问题解决能力研究[M]. 上海：上海教育出版社，2019.

[15] BARTNECK C, MOLTCHANOVA E, BADER J S. LEGO products have become more complex[J]. Plos One，2018，13（1）：1-11.

[16] JIANG B, NI H, MIAO Y. Study on children's toy design based on perceptual evaluation[M]. Cham：Springer，2018.

[17] SHIN K L F, COLWILL J. An integrated tool to support sustainable toy design and manufacture[J]. Production & Manufacturing Research，2017，5（1）：191-209.

[18] GERECKE U, WAGNER B. The challenges and benefits of using robots in higher education[J]. Intelligent Automation & Soft Computing，2007，13（1）：29-43.

[19] KATHRYN M. Designing toys that come alive: curious robots for creative play [C]. ICEC: 7th international conference on entertainment computing. Pittsburgh, USA: ICEC, 2008: 149-154.

[20] PEREIRA C, CUNHA J. Design of an inclusive & interactive educational textile toy [C]// 17th World Textile Conference AUTEX 2017. Ghent, Belgium: [s. n.], 2017: 1-6.

[21] 王昊, 李世国. 模块化方法于玩具设计的交互性价值研究 [J]. 艺术与设计（理论）, 2011, 2 (11): 116-118.

[22] 乔永翔. 探讨我国传统玩具的继承和发展 [J]. 现代装饰（理论）, 2016, 32 (2): 178.

[23] 李志港, 穆存远. 浅谈鲁班锁的结构及其功能价值 [J]. 设计, 2013, 26 (2): 132-133.

[24] 杨达维. 玩物益智: 构建类玩具的"模块化"特质对儿童造物智能的影响 [J]. 艺术设计研究, 2017, 78 (4): 84-87.

[25] 李世国, 高红霞, 裴雪, 等. 实验室环境的智能玩具创新设计研究 [J]. 包装工程, 2013, 34 (4): 41-45.

[26] 龙云飞. 教育游戏化在小学生玩具设计中的应用 [D]. 北京: 北方工业大学, 2017.

[27] 欧阳子川. 基于青少年创客教育的玩具设计研究 [D]. 北京: 中央美术学院, 2017.

[28] 产业信息网. 中国玩具行业发展概况分析 [EB/OL]. (2014-10-31) [2021-10-22]. https://www.chyxx.com/industry/201410/290627.html.

[29] SITZMANN T. A meta-analytic examination of the instructional effectiveness of computer-based simulation games [J]. Personnel Psychology, 2011, 64 (2): 489-528.

[30] SASAKI, YUTAKA. Use of LEGO mindstorms NXT to improve learning in agricultural engineering education [J]. Agricultural Information Research, 2009, 18 (1): 177-186.

[31] BROM C, PREUSS M, KLEMENT D. Are educational computer micro-games engaging and effective for knowledge acquisition at high-schools? a quasi-experimental study [J]. Computers & Education, 2011, 57 (3): 1971-1988.

[32] EOW Y L. Computer games development and appreciative learning approach in enhancing students' creative perception [J]. Computer&Education, 2010, 54 (1): 146-161.

[33] VOGEL J, VOGEL D S, CANNON B, et al. Computer gaming and interactive simulations for learning: A meta-analysis [J]. Journal of Educational Computing Research, 2006, 34 (3): 229-243.

[34] HSIANG-PING C. The influence of an educational computer game on children's cultural identities [J]. Educational Technology &Society, 2010, 13 (1): 94-105.

[35] LOWRIE. Gender differences in students' mathematics game playing [J]. Computers & Education, 2011, 57 (4): 2244-2248.

[36] GRIMLEY M. Comparing computer game and traditional lecture using experience ratings from high and low achieving students [J]. Australasian Journal of Educational Technology, 2012, 28 (4): 619-638.

[37] KIM N J, BELLAND B R, KIM Y S. Clustering the relationship between scaffolding and students' characteristics through data mining [C]. Annual Conference of the American Educational Research Association. New York, USA: [s. n.], 2018: 705-720.

[38] TSAI F, YU K, HSIAO H. Exploring the factors influencing learning effectiveness in digital game-Based learning [J]. Educational Technology&Society, 2012, 15 (3): 240-250.

[39] HWANG G, SUNG H, HUNG C, et al. Development of a personalized educational computer game based on students' learning styles [J]. Educational Technology Research and Development, 2012, 60 (4): 623-638.

[40] BLUEMINK J, HAMALAINEN R, MANNINEN T, et al. Group-level analysis on multi-player game collaboration: how do the individuals shape the group interaction? [J]. Interactive Learning Environments, 2010, 18 (4): 365-383.

[41] VOS N, MEIJDEN H, DENESSEN E. Effects of constructing versus playing an educational game on student motivation and deep learning strategy use [J]. Computers & Education, 2011, 56 (1): 127-137.

[42] BROM C, PREUSS M., KLEMENT D. Are educational computer micro-games engaging and effective for knowledge acquisition at high-schools? a quasi-experimental study [J]. Computers & Education, 2011, 57 (3): 1971-1988.

[43] HAYS R T, JACOBS J W. Flight simulator training effectiveness: a meta-analysis [J]. Military Psychology, 1992, 4 (2): 63-74.

[44] HWANG G, SUNG H, HUNG C, et al. Development of a personalized educational computer game based on students' learning styles [J]. Educational Technology Research and Development, 2012, 60 (4): 623-638.

[45] VERKIJIKA S F, WET L D. Using a brain-computer interface (BCI) in reducing math anxiety: evidence from South Africa [J]. Computers & Education, 2015, 81 (2): 113-122.

[46] 尚俊杰, 裴蕾丝. 重塑学习方式: 游戏的核心教育价值及应用前景 [J]. 中国电化教育, 2015, 36 (5): 41-49.

[47] 昂娟. 基于Flash的小学英语教育游戏水果连连看的设计与开发 [J]. 贵州师范大学学报 (自然科学版), 2013, 31 (6): 100-105.

[48] 马建荣, 章苏静, 李凤. 基于体感技术的亲子互动游戏设计与实现 [J]. 中国电化教育, 2012, 33 (9): 85-88.

[49] 刘鑫瑶. 面向问题解决能力培养的小学数学教育游戏设计研究 [D]. 长春: 东北师

范大学,2013.

[50] 宗丽莉. 教育游戏与幼儿汉字教学的整合研究 [D]. 新乡：河南师范大学, 2014.

[51] 李伟, 赵蔚, 马杰. 基于 Flash+XML 的中学物理教育游戏的设计和开发 [J]. 中国电化教育, 2013, 34 (7)：86-90.

[52] 魏丹丹. 基于移动学习的新生代农民工职业教育 [J]. 教育学术月刊, 2012, 29 (10)：80-81.

[53] 郑建启, 李翔. 设计方法学 [M]. 北京：清华大学出版社, 2012.

[54] 诺曼. 设计心理学3：情感化设计 [M]. 何笑梅, 欧秋杏, 译. 北京：人民邮电出版社, 2018.

[55] HASSENZAHL M, TRACTINSKY N. User experience：a research agenda [J]. Behaviour & Information Technology, 2006, 25 (2)：91-97.

[56] FORLIZZI J, BATTARBEE K. Understanding experience in interactive systems [C]// The 5th conference on designing interactive systems：processes, practices, methods and techniques. New York, USA：[s. n.], 2004：261-268.

[57] OLSSON T. Concepts and subjective measures for evaluating user experience of mobile augmented reality services [M]. New York：Springer, 2013.

[58] TOFFLER A. Future shock [M]. New York：Bantam Books, 1984.

[59] KEARSLEY G, SHNEIDERMAN B. Engagement theory：a framework for technology-based teaching and learning [J]. Educational technology, 1998, 38 (5)：20-23.

[60] CSIKSZENTMIHALYI M, CSIKSZENTMIHALYI I. Beyond boredom and anxiety：the experience of play in work and games [M]. San Francisco：Jossey-Bass, 1975.

[61] Semantic Studios. User experience design [EB/OL]. (2004-06-24) [2021-10-22]. http://semanticstudios. com/user_experience_design/.

[62] 罗丽弦, 洪玲. 感性工学设计 [M]. 北京：清华大学出版社, 2015.

[63] PARK J, HAN S H, KIM H K, et al. Modeling user experience：a case study on a mobile device [J]. International Journal of Industrial Ergonomics, 2013, 43 (2)：187-196.

[64] 普瑞斯, 罗杰斯, 夏普. 交互设计：超越人机交互 (原书第4版) [M]. 刘伟, 译. 北京：机械工业出版社, 2018.

[65] LEUTHOLD S, SCHMUTZ P, BARGAS-AVILA J A, et al. Vertical versus dynamic menus on the world wide web：eye tracking study measuring the influence of menu design and task complexity on user performance and subjective preference [J]. Computers in Human Behavior, 2011, 27 (1)：459-472.

[66] SANDNES F E, TAN T B, JOHANSEN A. Making touch-based kiosks accessible to blind users through simple gestures [J]. Universal Access in the Information Society, 2012, 11 (4)：421-431.

[67] KARALI S, GYI D E, MANSFIELD N J. Driving a better driving experience: a questionnaire survey of older compared with younger drivers [J]. Ergonomics, 2017, 60 (4): 533-540.

[68] 代福平. 体验设计的历史与逻辑 [J]. 装饰, 2018, 61 (12): 92-94.

[69] 胥程飞. 用户体验和交互设计在工业设计中的应用 [J]. 包装工程, 2019, 40 (12): 294-297.

[70] 辛向阳. 从用户体验到体验设计 [J]. 包装工程, 2019, 40 (8): 60-67.

[71] 刘毅. 中国市场中的用户体验设计现状 [J]. 包装工程, 2011, 32 (4): 70-73.

[72] 罗仕鉴, 朱上上, 应放天, 等. 手机界面中基于情境的用户体验设计 [J]. 计算机集成制造系统, 2010, 16 (2): 239-248.

[73] 吴剑斌, 张凌浩. 用户体验设计中的故事方法应用与研究 [J]. 包装工程, 2018, 39 (20): 253-258.

[74] 孙晓枫, 赵新军, 钟莹. 基于技术进化定律的用户体验设计模型研究 [J]. 工业技术经济, 2017, 36 (10): 145-150.

[75] 刘子建, 黄晟. 限制机制在用户体验设计中的应用 [J]. 包装工程, 2012, 33 (4): 76-79.

[76] 胡飞, 冯梓昱, 刘典财, 等. 用户体验设计再研究: 从概念到方法 [J]. 包装工程, 2020, 41 (16): 51-63.

[77] 戴力农, 许柏鸣. 儿童家具的用户体验设计研究与实践 [J]. 包装工程, 2015, 36 (22): 26-29.

[78] 蒋佳茜. 基于潜在需求分析的低龄老人益智玩具设计 [J]. 装饰, 2017, 60 (3): 84-86.

[79] 罗仕鉴, 朱上上. 用户体验与产品创新设计 [M]. 北京: 机械工业出版社, 2010.

[80] 吴绮迪. 近三年国内游戏化学习研究现状与分析 [J]. 教育教学论坛, 2019, 11 (46): 232-234.

[81] 杨一帆. 浅析皮亚杰认知发展游戏理论 [J]. 科技经济导刊, 2016, 2 (32): 116-117.

[82] 马歇尔, 罗斯曼. 设计质性研究: 有效研究计划的全程指导 (原书第 5 版) [M]. 何江穗, 译. 重庆: 重庆大学出版社, 2014.

[83] 周佳颖. 基于KJ法的校园文化创意产品设计探究: 以湖南师范大学为例 [J]. 工业设计, 2020, 16 (2): 72-73.

[84] 郑建启, 李翔. 设计方法学 [M]. 北京: 清华大学出版社, 2012.

[85] 绍罗, 刘易斯. 用户体验度量: 量化用户体验的统计学方法 [M]. 殷文婧, 徐沙, 杨晨燕, 译. 北京: 机械工业出版社, 2014.

[86] ROBERT R. How to quantify the user experience [EB/OL]. (2004-04-21) [2021-10-22].

http://www.sitepoint.com/quantify-user-experience/.

[87] SCHMITT B H, SIMONSON A. Marketing aesthetics: the strategic management of brands, identity and image [M]. New York: Free Press, 1999.

[88] MCCARTHY J, WRIGHT P. Technology as experience [J]. Interactions, 2004, 11 (5): 42-43.

[89] DESMET P, HEKKERT P. Framework of product experience [J]. International Journal of Design, 2007, 1 (4): 57-66.

[90] 许喜华. 工业设计概念 [M]. 北京: 北京理工大学出版社, 2008.

[91] 柳冠中. 事理学方法论 [M]. 上海: 上海人民美术出版社, 2018.

[92] MARGOLIN V. Getting to know the user [J]. Design Studies, 1997, 18 (3): 227-236.

[93] 艾林伍德, 比尔. 国际经典交互设计教程: 用户体验设计 [M]. 北京: 电子工业出版社, 2015.

[94] DON NORMAN. The design of everyday things [M]. New York: Basic Books, 2001.

[95] 李月恩, 王震亚, 徐楠. 感性工程学 [M]. 北京: 海洋出版社, 2009.

[96] 曹祥哲. 人机工程学 [M]. 北京: 清华大学出版社, 2018.

[97] 诺曼. 情感化设计 [M]. 付秋芳, 程进三, 译. 北京: 电子工业出版社, 2005.

[98] 陈禹安. 玩具思维: 改变未来行业的新思维 [M]. 北京: 机械工业出版社, 2015.

[99] 斯温克. 游戏感: 游戏操控感和体验设计指南 [M]. 北京: 电子工业出版社, 2020.

[100] 渡边修司, 中村彰宪. 游戏性是什么 [M]. 付奇鑫, 译. 北京: 人民邮电出版社, 2015.

[101] 陈晓芳. 学习的异化和回归: 建构主义和社会文化论视角 [J]. 教育理论与实践, 2019, 39 (19): 55-59.

[102] 威肯斯. 工程心理学与人的作业 (原书第4版) [M]. 张侃, 孙向红, 译. 北京: 机械工业出版社, 2014.

[103] 斯特弗. 教育中的建构主义 [M]. 高文, 译. 上海: 华东师范大学出版社, 2004.

[104] 卡普. 游戏, 让学习成瘾 [M]. 陈阵, 译. 北京: 机械工业出版社, 2018.

[105] SIMON E. Third generation educational use of computer games [J]. Journal of Educational Multimedia and Hypermedia, 2007, 16 (3): 263-281.

[106] 杨向东. 产品系统设计 [M]. 北京: 高等教育出版社, 2008.

[107] 韦青. 万物重构 [M]. 北京: 新华出版社, 2018.

[108] 吴翔. 产品系统设计 [M]. 北京: 中国轻工业出版社, 2000.

[109] 童时中. 模块化原理设计方法及应用 [M]. 北京: 中国标准出版社, 2000.

[110] 诸葛铠. 设计艺术学十讲 [M]. 济南: 山东画报出版社, 2006.

[111] 张琲. 产品创新设计与思维 [M]. 北京: 中国建筑工业出版社, 2005.

[112] 张宝辉, 龚京忠, 李国喜, 等. 产品模块化设计中的功能模块划分方法研究 [J].

组合机床与自动化加工技术，2004，46（9）：58-60.

[113] 朱辉．关于模块和模块化概念探讨［J］．电子机械工程，1997，13（1）：60-64.

[114] 王娆，李宏超．皮亚杰认知发展游戏理论对儿童游戏之意义［J］．学理论，2013，55（32）：279-280.

[115] JOE L F, SUE C W, STUART R. Play and child development［M］. New York: Pearson Education, 1994.

[116] 赵秀福．杜威论身心关系［J］．宁波大学学报（教育科学版），2019，41（4）：26-37.

[117] 李正富．基于通用技术课堂教学问题的教具设计与制作［J］．教育现代化，2019，6（65）：130-132.

[118] 汪卫华．在实验教学中恰当运用学具的作用［J］．实验教学与仪器，2017，34（2）：135.

[119] 袁巧文，于东玖．基于Kano模型的老人助行车创新设计研究［J］．工业设计，2020，16（2）：159-160.

[120] 费尔德曼．儿童发展心理学：费尔德曼带你开启孩子的成长之旅（原书第6版）［M］．苏彦捷，译．北京：机械工业出版社，2015.

[121] 姜炎，宋丽娟，刘鲁军．KJ法在改良设计中的应用［J］．艺术与设计（理论），2015，2（9）：95-97.

[122] 卢纯福，朱意灏．形态的限度［M］．北京：中国建筑工业出版社，2016.

[123] 夏敏燕．人机工程学基础与应用［M］．北京：电子工业出版社，2017.

[124] 德克森．认知设计：提升学习体验的艺术（原书第2版）［M］．赵雨儿，简驾，译．北京：机械工业出版社，2016.

[125] 柳沙．设计心理学：升级版［M］．上海：上海人民美术出版社，2016.

[126] 陈超萃．设计认知：设计中的认知科学［M］．北京：中国建筑工业出版社，2008.

[127] 王坤茜．产品设计方法学［M］．长沙：湖南大学出版社，2015.

[128] 吴晓莉，部红合，寇树芳．产品形态与设计元素构成［M］．南京：东南大学出版社，2014.

[129] 尹欢．产品色彩设计与分析［M］．北京：国防工业出版社，2015.

[130] 王坤茜．产品符号语意［M］．长沙：湖南大学出版社，2017.

[131] 李砚祖．设计新理念：感性工学［J］．新美术，2003，24（4）：34-39.

[132] 徐皓．新产品设计中的若干决策分析方法研究［M］．北京：经济管理出版社，2012.

[133] 孟凯宁，冯雨果，徐波，等．基于德尔菲法的儿童鞋安全性评价指标体系［J］．中国皮革，2016，45（4）：42-46.

[134] 孙艳超，杜华．国际电脑游戏研究现状、热点与前沿分析［J］．远程教育杂志，

2013，31（3）：99-104.

[135] 玩子. 七巧板的前世今生［J］. 玩具世界，2007，22（8）：51-52.

[136] DANN S. Facilitating co-creation experience in the classroom with Lego Serious Play［J］. Australasian Marketing Journal，2018，26（2）：121-131.

[137] 李畅. 心流体验的研究综述［J］. 开封教育学院学报，2017，37（3）：187-189.

[138] 任俊，施静，马甜语. Flow研究概述［J］. 心理科学进展，2009，17（1）：210-217.

[139] 王建冬. 国外可用性研究进展述评［J］. 现代图书情报技术，2009，30（9）：7-16.

[140] 胡飞，姜明宇. 体验设计研究：问题情境、学科逻辑与理论动向［J］. 包装工程，2018，39（20）：60-75.

[141] 杨超翔，叶俊男，程建新，等. 面向用户需求的儿童玩具可用性研究［J］. 包装工程，2018，39（18）：181-185.

[142] 洪柳，郭佳逸，葛仕钧. 心流理论与用户体验设计［J］. 艺术与设计（理论），2009，7（3）：178-180.

[143] 虎进万. 最近发展区理论与分层教学的实施［J］. 学周刊，2018，12（34）：118-119.

[144] DEISTER J. Improving learning transfer：a guide to getting more out of what you put into your training［J］. Journal of European Industrial Training，2009，33（6）：574-576.

[145] 曹玉龙. 学习与迁移［M］. 杭州：浙江教育出版社，2019.

[146] ELWOOD F，HOLTON I，WENDY E A R. Development of a generalized learning transfer system inventory［J］. Human Resource Development Quarterly，2000，11（4）：333-360.

[147] 孟庆祥. 从制造业到智造业［J］. 商界（评论），2014，10（11）：70-73.

[148] 朱永梅，王明强，芦新春. 面向稳健设计的产品分阶段评价体系研究［J］. 机械设计与制造，2007，45（11）：212-214.